重读《论持久战》

杨信礼 ◎著

人民出版社

目　录

第一章 《论持久战》诞生的历史背景

习近平在纪念毛泽东同志诞辰 120 周年座谈会上的讲话中指出:“毛泽东同志是伟大的马克思主义者,伟大的无产阶级革命家、战略家、理论家,是马克思主义中国化的伟大开拓者,是近代以来中国伟大的爱国者和民族英雄,是党的第一代中央领导集体的核心,是领导中国人民彻底改变自己命运和国家面貌的一代伟人。”①毛泽东是从近代以来中国历史发展的时势中产生的伟大人物,是从近代以来中国人民抵御外敌入侵、反抗民族压迫和阶级压迫的艰苦卓绝斗争中产生的伟大人物,是走在中华民族和世界进步潮流前列的伟大人物。毛泽东为中国新民主主义革命的胜利、社会主义革命的成功、社会主义建设的全面展开,为实现中华民族独立和振兴、中国人民解放和幸福,作出了彪炳史册的贡献。毛泽东毕生最突出最伟大的贡献,就是领导我们党和人民找到了新民主主义革命的正确道路,完成了反帝反封建的任务,建立了中华人民共和国,确立了社会主义基本制度,取得了社会主义建设的基础性成就,并为我们探索建设中国特色社会主义的道路积累了经验和提供了条件,为我们党和人民事业

① 习近平:《在纪念毛泽东同志诞辰 120 周年座谈会上的讲话》,《人民日报》2013 年 12 月 27 日。

胜利发展、为中华民族阔步赶上时代发展潮流创造了根本前提，奠定了坚实的理论和实践基础。在革命和建设长期实践中，以毛泽东为主要代表的中国共产党人，根据马克思列宁主义基本原理，形成了适合中国情况的科学指导思想——毛泽东思想。毛泽东思想以独创性理论丰富和发展了马克思列宁主义。毛泽东思想教育了几代中国共产党人，它培养的大批骨干，不仅在新民主主义革命、社会主义革命、社会主义建设时期发挥了重要作用，也为新的历史时期开创和建设中国特色社会主义发挥了重要作用。在为中国人民不懈奋斗的光辉一生中，毛泽东表现出一个伟大革命领袖高瞻远瞩的政治远见、坚定不移的革命信念、勇于开拓的非凡魄力、炉火纯青的斗争艺术、杰出高超的领导才能。他思想博大深邃、胸怀坦荡宽广，文韬武略兼备、领导艺术高超，心系人民群众、终生艰苦奋斗，为中华民族和中国人民建立了不朽功勋。

在新民主主义革命的各个历史时期，毛泽东作为中国共产党人的杰出代表人物，把马克思主义基本原理与中国国情实际、与中国革命实践紧密结合起来，创造性地提出了新的理论，制定了新的战略，开辟了新的道路，领导人民进行了艰苦卓绝的伟大斗争，引导中国革命不断从胜利走向胜利。毛泽东在抗日战争初期写的《论持久战》，就是一部伟大的马克思主义军事理论和军事战略著作。这部伟大著作蕴含了丰富的马克思主义哲学智慧，鲜明体现了毛泽东坚定的战略信念、深邃的战略远见、宏大的胸襟气度、坚强的意志品格、刚毅的奋斗精神。

1937 年 7 月全民族抗战开始后，为中华民族生存而忧虑、而奋斗的中国人民，都热切期盼着抗日战争的胜利。但抗日战争能否胜利，抗日战争是速胜还是持久战，抗日战争为什么是持久战，怎样进行持久战，这些问题并没有得到明确的解决。而当时存在和蔓延的“亡国论”和“速胜论”等错误观点，又严重影响着人们的思想心理，严重影响着人们对抗日战争前途的认识和判断，严重影响着抗战军民的信心和决心。为了回答抗日战争的前途命运问题，驳斥“亡国论”和“速胜论”，阐明中国共产党关于抗日战争的正确主张与战略方针，从世界观方法论高度清算战争问题上的唯心论和机械论，增强抗战军民团结奋斗、争取胜利的信心勇气，毛泽东运用马克思主义科学的世界观方法论，客观、全面、联系、发展地深刻分析了中日战争所处的历史时代与国际环境、中日战争双方的基本特点、抗日战争的发展进程与必然趋势以及抗日战争中的诸多重大关系，得出了抗日战争是持久战、最后胜利是中国的这样一个科学的结论，勾画了抗日战争的发展阶段和光明前景，极大地教育和鼓舞了中国共产党和广大人民，极大地增强了中国共产党和中国人民坚持抗战的信心决心，为动员全民族坚持抗日战争，夺取抗日战争的胜利，发挥了极为重要的作用。了解《论持久战》写作的历史背景，对于深刻理解贯穿其中的科学的世界观方法论，把握贯穿其中的真理力量和逻辑力量，是非常必要的。

一、日本帝国主义疯狂发动全面侵华战争

日本作为一个近代以来兴起的帝国主义国家，在第一次世界大战中获得了战胜国的利益，其工业生产和产品输出超过了英、美等国，但它没有英、美那样广大的市场或殖民地，因而强烈渴求开拓海外市场和殖民地。日本经济军事化和天皇制，使它特别贪婪和具有野蛮的侵略性。日本帝国主义侵略中国蓄谋已久。1894—1895 年，通过中日甲午战争迫使清政府签订《马关条约》，侵占了中国的台湾与澎湖列岛；通过 1904—1905 年的日俄战争，将中国的东北强行划为其势力范围，设置关东都督府，建立关东军；1927 年，制定《对华政策纲领》，妄图把“满蒙”从中国分割出去，并决心诉诸武力，以实现其通过征服“满蒙”而征服中国并进而征服世界

的狂妄野心。在1929年爆发的资本主义世界的经济危机中，日本遭受了沉重打击，国内阶级矛盾日益激化。为了缓和阶级矛盾，摆脱经济危机带来的严重困难，日本统治集团蓄意制造事端，武装夺取中国的东北地区，进而发动全面侵华战争。1931年9月18日深夜，日本关东军按照预定的计划，炸毁沈阳北郊柳条湖附近南满铁路的一段路轨，反诬是中国军队所为，以此为借口突袭中国军队驻地北大营和沈阳城，翌日占领了整个沈阳。到1932年2月，在短短的4个多月时间里，辽宁、吉林、黑龙江三省100多万平方公里的国土被日本占领。日本加紧在中国东北地区建立傀儡政权，于1932年3月9日成立了以溥仪为“执政”的伪满洲国。1932年1月28日，日军进攻上海，蒋光鼐、蔡廷锴率第十九军奋起抵抗，国民党政府派张治中率第五军参战。从1933年到1936年，日本帝国主义先后侵占我国热河、绥远、察哈尔大片土地，并建立了冀东汉奸政权。1936年8月，日本统治集团又制定了“确保帝国在东亚大陆的地位，同时向南洋发展”的“国策大纲”，加紧推行吞并中国、独霸东亚的政策。1937年7月7日晚，日军悍然向驻守在北平附近卢沟桥的中国军队发动进攻，当地中国驻军在中国共产党领导的人民抗日运动推动下奋起抵抗。1937年8月13日，日军又大举进攻上海。在中国共产党和全国人民的声援支持下，驻守在上海的中国军队进行了顽强抵抗。以九一八事变为标志，中日之间的民族矛盾成为主要矛盾，中国国内的阶级关系发生了重大变动。中国民众坚决要求反抗日本帝国主义的侵略，国民党政府对于日本帝国主义的侵略却采取妥协退让的方针。在民族危机的严重关头，中国共产党举起武装抗日的旗帜。如果说九一八事变是中国人民抗日战争的起点，中国人民英勇的局部抗战揭开了世界反法西斯战争的序幕；七七事变则是全民族抗日战争的开始。

二、抗日战争的时代背景与国际国内环境

中国人民的抗日战争是在20世纪30年代复杂的国际与国内环境下进行的。在国际方面,德、意法西斯是日本帝国主义的同盟者,支持日本侵略中国。1936年,德国同日本签订了“防共协定”,1937年意大利参加了这个协定。这三个法西斯国家结成了侵略军事同盟。斯大林领导的苏联则采取支持中国抗日战争的政策,于1937年8月与中国订立了互不侵犯条约,并给予中国财政与军事的支持。全世界正义的人们也支持中国的抗日战争。美、英等国对于中国的抗日战争则采取了两面性的政策。由于日本对中国的侵略损害了其在华利益,威胁其在东南亚和西太平洋地区的殖民统治,因而愿意帮助中国抵抗日本的侵略,以便借中国的力量削弱日本,使它们在远东居于优势地位;同时,它们又希望假借日本之手消灭中国的革命力量,并把战争引向苏联。它们还希望中国与日本两败俱伤,以便坐收渔翁之利。

在国内,中国共产党代表中国工人阶级和广大人民的利益,是抗日战争的领导者,中国的工人阶级和农民阶级是抗日战争的主力,城市小资产阶级也是坚决要求抗日的。民族资产阶级和地主阶级中的开明人士则是既有抗日的要求,又有动摇性。国民党中代表大地主大资产阶级利益的蒋介石集团是亲英美派,对待抗日战争具有两面性。一方面,迫于人民普遍要求抗日的压力,日寇的侵略直接危害他们的利益,他们不得不抗日;另一方面,他们害怕人民在抗日战争中普遍觉醒和人民力量发展壮大,因而又坚持压迫人民的政策,不愿人民抗日,并在抗日战争中假借日寇之手削弱乃至消灭中国共产党及其领导下的军队。汉奸则是坚决依附日本,帮助日本侵略中国、压迫中国人民,国民党内的汪精卫一派是其政治代表,抗日战争爆发不久

就投靠了日本。

三、中国共产党对战争形势的估计与主张

日本帝国主义的侵略引起了我国国内阶级关系的重大变化，中国正处于由国内战争向全民族抗日战争转变的重大历史关头。面对错综复杂的国内外矛盾、迅速发展的客观形势以及重大的历史机遇，中国共产党和毛泽东科学分析形势，准确把握时局，作出了建立全民族抗日统一战线、争取抗日战争胜利的战略决策。早在七七事变之前，我们党就提出了争取抗日战争胜利的方针，为建立抗日民族统一战线、动员一切力量争取抗日战争胜利，作出了不懈努力。1933 年，中国共产党发表了在停止进攻红军、给民众以自由和武装民众的条件下同国民党军队订立抗日协定的宣言。1935 年 8 月，中国共产党和红军号召各党各派和全国同胞组织抗日联军和国防政府，共同反对日本帝国主义。同年 12 月，中国共产党通过了与民族资产阶级组织抗日民族统一战线的决议。1936 年 5 月，红军发表了要求南京政府停止内战一致抗日的通电。同年 8 月，中国共产党要求国民党停止内战，组织两党统一战线，共同反对日本帝国主义。中国共产党基于民族大义的这些努力，均被国民党拒绝。直到 1936 年 12 月西安事变发生，张学良、杨虎城实行兵谏逼蒋抗日，在中国共产党的努力下得以和平解决，国民党当局才被迫改变其内战政策。1937 年 2 月，中国共产党向国民党提出了两党合作抗日的具体建议。七七事变的第二天，中国共产党就发表宣言，号召全中国人民、政府、军队团结起来，筑成民族统一战线的坚固长城，抵御日本帝国主义的侵略。7 月 15 日，中共中央向国民党递交《中国共产党为公布国共合作宣言》，国民党于 9 月 22 日发表了这个宣言。9 月 23 日，蒋介石发表了对中国共产党宣言的谈话，承认中国共产党的合法地位，并表示对

于国内任何派别，只要诚意救国，愿在国民革命抗敌御侮之旗帜下共同奋斗者，政府无不开诚接纳，咸使集中于本党领导之下，而一致努力。至此，由中国共产党倡导的以国共合作为基础的抗日民族统一战线得以形成。

由于抗日民族统一战线内部固有的阶级矛盾，在如何进行抗战这个关系到中华民族生死存亡的关键问题上，从抗战之初就存在着两条不同的路线。一条是以国民党为代表的反共反人民的片面抗战的路线。在七七事变之前，国民党对日本入侵东北和华北采取不抵抗政策，而集中力量进行内战；七七事变后，国民党虽然开始转变到采取抗战的政策，但仍继续实行其反共反人民的反动政策，压制人民抗日的积极性，认为抗战是政府和军队的事。他们害怕人民的力量在抗战中发展壮大，危害其反动统治，因而极力反对人民起来抗战。这种单纯的政府抗战，要战胜日本帝国主义、取得抗战胜利，是根本不可能的。另外，国民党政府和日寇的密谋勾联活动，也始终没有停止过。另一条是以中国共产党实行全军全民总动员的全面抗战的路线，认为为了争取抗战胜利，必须实行全国人民总动员，进行全民族抗战。而要实行全民族抗战，国民党政府的政策必须彻底改变。两条抗战路线的斗争，关系到中华民族的前途命运。实行中国共产党全面抗战的路线和政策，"就一定得一个驱逐日本帝国主义、实现中国自由解放的前途"；实行国民党片面抗战的路线和政策，"就一定得一个日本帝国主义占领中国、中国人民都做牛马奴隶的前途。"①毛泽东号召一切爱国的国民党员和共产党员团结起来，全国的爱国同胞、爱国军队、爱国党派团结起来，坚决实行全面抗战的路线方针，争取第一个前途，避免第二个前途。1937 年 8 月，党中央在陕北洛川召开政治局扩大会议，科学分析形势，指出了国民党片面抗战的危

① 《毛泽东选集》第 2 卷，人民出版社 1991 年版，第 350 页。

险，提出党的中心任务是动员一切力量争取抗战胜利，通过了“抗日救国十大纲领”，阐明了中国共产党领导抗战的政治主张和坚持全面抗战的路线，坚决反对国民党片面抗战的路线；决定党在军事上实行由国内正规战争向抗日游击战争的战略转变，在敌人后方放手发动独立自主的游击战争，配合正面战场、开辟敌后战场、建立敌后抗日根据地，在一切国民党统治区放手发动抗日群众运动。

四、时局变化亟须阐明抗日战争的前途趋势

片面抗战与全面抗战两条不同的路线，产生了两种不同的结果。在战争初期的 10 个月中，在正面战场，由于国民党采取片面抗战路线和单纯防御方针，战略上完全处于被动地位，在日寇进攻面前节节败退。在华北，七七事变后一个月，国民党就丢失了平津。接着，日寇沿平绥线、同蒲线进攻山西和绥远，沿平汉线进攻河南，沿津浦线南下，沿胶济线进攻山东。国民党军队除了在八路军主动配合下于 1937 年 10 月中旬在山西忻口组织了一次防御战役，几乎没有进行有效抵抗便全线溃退。到 1938 年 3 月，日寇进至山东枣庄、河南归德（商丘）、山西风陵渡，侵占绥远大片土地，华北各省中心城市和交通要道大部陷落。在华中，1937 年 8 月 13 日，日寇进犯上海。11 月 12 日、12 月 13 日上海、南京相继陷落。接着，日寇由南京、芜湖、镇江分三路渡江北上，与由华北南下日寇夹击徐州。在 1938 年 1 月至 5 月的徐州战役中，国民党军队虽在台儿庄一役中苦战取胜，但并未扭转被动局面，5 月 19 日放弃徐州向豫东、皖北撤退。日寇则挟其优势兵力长驱直入，把战线推到华中华南，准备围攻武汉、广州。在这种严峻形势下，国民党内部弥漫着悲观失败情绪，“亡国论”甚嚣尘上。

在日寇大举进攻、国民党军队节节败退的情况下，与国民党片面

抗战路线相反,中国共产党坚定奉行全面抗战路线,号召一切地方工作都要以争取抗战胜利为最基本的原则,放手发动、组织和武装群众,在日寇占领区域及其侧后方,开展广泛的游击战争。根据同国民党政府的协议,将中国工农红军主力改编为国民革命军第八路军,将红军长征后留在湘、赣、闽、浙、鄂、豫、皖等南方各省边界红军的游击队改编为新四军,开赴华北和华中抗日前线作战。八路军和新四军坚决执行"独立自主的游击战争"以及"基本的是游击战,但不放松有力条件下的运动战"的方针,在地方党组织配合下,广泛发动群众,开展游击战争,建立抗日根据地,奠定了进行持久战的战略基地,不断给日寇以沉重打击,并且使我军日益发展壮大,逐步成为抗日的主要力量。

国共两党在抗战问题上两条路线的斗争,也反映到党内来。教条主义者王明在土地革命战争时期主张革命队伍要纯粹而纯粹,革命道路要笔直而笔直,认为中间派是最危险的敌人,搞一切斗争、否认联合。到了抗日战争时期,从一个极端走到另一个极端,否认抗日统一战线内存在尖锐的阶级矛盾和阶级斗争,否认共产党与国民党在抗日战争问题上两条路线的对立,否认抗日统一战线中存在左、中、右三种不同的政治集团,宣扬原来敌对的阶级、党派、军队要在"伟大仁爱"的旗帜下相互礼让、相互尊重、相互敬爱;反对毛泽东提出的党在抗日统一战线的独立自主原则,提出"一切经过统一战线"、"一切服从统一战线"的口号,把我们党在抗日战争中的领导权让给国民党;反对我们党在敌后独立自主地建立抗日民主政权、发展抗日武装,提出"打破拥兵自卫传统",主张在国民党军队的基础上建立"全国统一的国防军",实行"统一指挥,统一编制,统一武装,统一纪律,统一待遇,统一作战计划,统一作战行动",这实质上是把我党领导的人民军队交给国民党;反对把党的工作重点放在战区和敌后,不敢放手发动群众在日本占领区扩大解放区和人民军队；轻视我党领导的抗日游击战争，提出要普遍地实行以运动战为主、配合以阵地战、辅之以游击战的错误方针，主张配合国民党保卫大城市，打正规战、打大仗。王明还认为国民党有很大的力量，幻想依靠国民党很快就能取得抗战的胜利，并认为抗战的胜利必然是国民党的胜利。

党和毛泽东在反对国民党的片面抗战路线的同时，与以王明为代表的右倾投降主义路线进行了坚决的斗争。在1937年4月延安党的活动分子会议、5月党的全国代表会议、8月中央政治局洛川会议上，毛泽东都鲜明提出领导权问题，强调必须坚持党在统一战线中的领导权，坚决反对右倾投降主义。在1937年11月延安党的活动分子会议上，毛泽东作了题为《上海太原失陷以后抗日战争的形势和任务》的报告，进一步指出要“在党内在全国均须反对投降主义”，“为了坚持抗战和争取最后胜利，为了变片面抗战为全面抗战，必须坚持抗日民族统一战线的路线，必须扩大和巩固统一战线。任何破裂国共两党的统一战线的主张是不许可的……但是在同时，在一切统一战线工作中必须密切地联系到独立自主的原则”。① 1938年5月，毛泽东写了《抗日游击战争的战略问题》，阐述了抗日游击战争在抗日战争中的战略地位。1938年5月26日—6月3日，毛泽东在延安抗日战争研究会上作了题为《论持久战》的讲演，运用马克思主义世界观方法论研究抗日战争，深刻揭示了抗日战争的规律，英明预见了抗日战争的发展进程阶段和光明前途，制定了抗日战争的战略战术，批判了片面抗战的路线，主张全面抗战的路线，批判了“亡国论”和“速胜论”等错误思想，指出抗日战争是持久战，最后胜利是中国的。《论持久战》一文共有21个问题。第1—9个问题，主要说明抗日战争为什么是持久战，为什么最后胜利是中国的，批判了“亡国

① 《毛泽东选集》第2卷，人民出版社1991年版，第391、394页。

论”和“速胜论”；第10—21个问题，主要说明了怎样进行持久战、争取抗战胜利，着重论述了人民战争以及人民战争的战略战术。《论持久战》有力地武装了我们党以及党领导下的人民军队和广大人民的思想，极大地鼓舞了抗战军民的信心决心，对于取得抗日战争的胜利发挥了伟大的指导作用。

第二章　整体思维:科学回答抗日战争的前途与命运

马克思主义的唯物论是辩证的唯物论,马克思主义的辩证法是唯物的辩证法,它要求客观地看问题,一切从实际出发,正确反映客观实际,认识客观规律;全面地看问题,全面反映客观实际,把握各种矛盾以及每一矛盾双方各自的特点及其相互关系,对于事物的性质及其发展趋势作出判断和预见。在《论持久战》中,毛泽东运用马克思主义的唯物论和辩证法,反对唯心论和机械论,客观地全面地看问题,科学地分析中日战争所处的时代背景以及中日战争双方相互矛盾的基本特点,揭示了抗日战争的规律,预见了抗日战争的发展阶段,指出了抗日战争的光明前途。

一、科学判断抗日战争的时局及其发展趋势

以卢沟桥事变为标志,中国人民开始了伟大的全民族的抗日战争。这个战争在东方历史上是空前的,在世界历史上是伟大的,全世界人民都关心这个战争,身受战争灾难、为自己民族生存而奋斗的中国人渴望战争的胜利。然而战争的过程究竟如何,战争能胜利还是不能胜利,能速胜还是不能速胜？很多人都说持久战,但是为什么是

持久战，怎样进行持久战？很多人都说最后胜利，但是为什么会有最后胜利，怎样争取最后胜利？这些问题在大多数人思想上并没有得到解决。于是失败主义的亡国论者说中国会亡，最后胜利不是中国的。某些性急的人说中国很快就能战胜，无需乎费大气力。在抗战以前，存在着许多亡国论的议论，认为“中国武器不如人，战必败”。抗战以后，公开的亡国论没有了，但暗地还有很多，妥协的空气时起时伏，主张妥协者的根据就是“再战必亡”。在抗战初起时，许多人有一种毫无根据的乐观倾向，他们把日本估计过低，甚至以为日本不能打到山西。有些人轻视抗日战争中游击战争的战略地位，对于“在全体上，运动战是主要的，游击战是辅助的；在部分上，游击战是主要的，运动战是辅助的”这个提法表示怀疑。他们不赞成八路军“基本的是游击战，但不放松有利条件下的运动战”的战略方针，认为这是“机械的”观点。上海战争时，有些认为“只要打三个月，国际局势一定变化，苏联一定出兵，战争就可解决”，把抗战的前途主要寄托在外国援助上面。台儿庄胜利之后，有些人主张徐州战役应是“准决战”，过去的持久战方针应该改变，这一战就是敌人的最后挣扎。平型关一个胜仗，冲昏了一些人的头脑；台儿庄再一个胜仗，冲昏了更多的人的头脑。对于敌人是否进攻武汉，许多人认为“不一定”或“断不会”。进而认为现在的力量已使敌人不能再进攻，无须再增加力量；统一战线的现时状态已够打退敌人，无须再巩固和扩大抗日民族统一战线，国际外交和国际宣传工作无须加紧，也无须再去认真改革军队制度、改革政治制度、发展民众运动、厉行国防教育、镇压汉奸托派、发展军事工业、改良人民生活。他们怀疑保卫武汉、保卫广州、保卫西北和猛烈发展敌后游击战争口号的正确性，甚至某些人在战争形势稍为好转的时候，就准备在国共两党之间搞摩擦，把对外的眼光转到对内。毛泽东指出：“抗战十个月以来，一切经验都证明下述两种观点的不对：一种是中国必亡论，一种是中国速胜论。前者产生妥协倾向,后者产生轻敌倾向。他们看问题的方法都是主观的和片面的,一句话,非科学的。"①"亡国论"和"速胜论"之所以产生,一是因为我们的宣传解释工作还不够,二是因为客观事变的发展还没有完全暴露其固有的性质,还没有将其面貌鲜明地摆在人们面前,使人们无从看出其整个的趋势和前途,因而无从决定自己的整套的方针和做法。根据抗战 10 个月的经验,尽够击破毫无根据的"亡国论",也尽够说服急性朋友们的"速胜论"了。毛泽东指出:"于是问题是:中国会亡吗?答复:不会亡,最后胜利是中国的。中国能够速胜吗?答复:不能速胜,抗日战争是持久战。"②

毛泽东在 1936 年 7 月 16 日,即在西安事变前 5 个月、卢沟桥事变前 12 个月同美国记者斯诺的谈话中,就正确地估计了抗日战争形势,提出了中国不会亡、最后胜利是中国的,抗日战争不能速胜、只能是持久战,以及争取抗战胜利的各种方针。毛泽东从内因和外因、内部条件和外部条件等多个方面研究抗日战争,认为中国要战胜并消灭日本帝国主义,要有中国抗日统一战线的完成、国际抗日统一战线的完成以及日本国内人民和日本殖民地人民的革命运动的兴起三个条件,而中国人民的大联合是主要的条件。这个战争要延长多久,须根据中国抗日统一战线的实力和中日两国其他许多决定的因素如何而定。如果中国抗日统一战线有力地发展起来,如果认清日本帝国主义威胁他们自己利益的各国政府和各国人民能给中国以必要的援助,如果日本的革命起来得快,则这次战争将迅速结束,中国将迅速胜利。如果这些条件不能很快实现,战争就要延长。但结果还是一样,日本必败,中国必胜。卢沟桥抗战是中国全国性抗战的起点,中国的政治形势从此开始了实行抗战的新阶段。这一阶段的最中心的任务

---

① 《毛泽东选集》第 2 卷,人民出版社 1991 年版,第 440—441 页。

② 《毛泽东选集》第 2 卷,人民出版社 1991 年版,第 442—443 页。

是动员一切力量争取抗战的胜利。争取抗战胜利的中心关键,在于使已经发动的抗战发展为全面的全民族的抗战。只有这种全面的全民族的抗战,才能使抗战得到最后的胜利。毛泽东指出:“由于当前的抗战还存在着严重的弱点,所以在今后的抗战过程中,可能发生许多挫败、退却,内部的分化、叛变,暂时和局部的妥协等不利的情况。因此,应该看到这一抗战是艰苦的持久战。”①但已经发动的抗战必将因为我党和全国人民的努力,冲破一切障碍物而继续地前进和发展。

二、精辟分析中日战争双方相互矛盾的基本特点

毛泽东在《中国革命战争的战略问题》中指出:“战争情况的不同,决定着不同的战争指导规律,有时间、地域和性质的差别。从时间的条件说,战争和战争指导规律都是发展的,各个历史阶段有各个历史阶段的特点,因而战争规律也各有其特点,不能呆板地移用于不同的阶段。从战争的性质看,革命战争和反革命战争,各有其不同的特点,因而战争规律也各有其特点,不能呆板地互相移用。从地域的条件看,各个国家各个民族特别是大国家大民族均有其特点,因而战争规律也各有其特点,同样不能呆板地移用。我们研究在各个不同历史阶段、各个不同性质、不同地域和民族的战争的指导规律,应该着眼其特点和着眼其发展,反对战争问题上的机械论。”②“一切战争指导规律,依照历史的发展而发展,依照战争的发展而发展;一成不变的东西是没有的。”③“我们不但要研究一般战争的规律,还要研究特殊的革命战争的规律,还要研究更加特殊的中国革命战争的

① 《毛泽东选集》第2卷,人民出版社1991年版,第446页。
② 《毛泽东选集》第1卷,人民出版社1991年版,第173页。
③ 《毛泽东选集》第1卷,人民出版社1991年版,第173—174页。

规律。”①

着眼其特点和着眼其发展，是研究战争规律的基本方法。毛泽东指出：“中日战争不是任何别的战争，乃是半殖民地半封建的中国和帝国主义的日本之间在二十世纪三十年代进行的一个决死的战争。全部问题的根据就在这里。”②抗日战争之所以是持久战，最后胜利是中国的，是由中日战争发生的时代及其具体表现——中日战争双方互相反对的特点决定的。认识这个时代的中日战争双方的基本特点，是把握抗日战争的性质、规律、趋势以及最终前途的根本依据。为此，毛泽东深入分析了战争双方互相反对的四个特点。

1. 敌强我弱。日本是一个强的帝国主义国家，其军力、经济力和政治组织力在东方是一等的，也是世界上五六个著名的帝国主义国家之一。中国是一个半殖民地半封建的国家。近代以降，中国屡遭列强侵凌欺压，逐渐沦为半殖民地半封建社会。在国难时艰刺激下觉醒的先进的中国人，艰辛探索救亡图存、实现中华民族伟大复兴的道路。洋务派倡言工商立国，发展近代工业，引进西方的坚船利炮。维新派希望依赖君主推行新政，筹谋君主立宪政体。资产阶级民主派希望通过革命推翻封建帝制，建立民主共和政体。从鸦片战争、太平天国、戊戌维新、辛亥革命，直至北伐战争，一切为解除半殖民地半封建地位的革命的或改良的运动都遭到了严重挫折，因而也没有改变中国半殖民地半封建社会的地位。中国依然是一个弱国，在军力、经济力和政治组织力各方面都显得不如敌人。这是日本侵略战争的基本条件，中日战争不可避免和中国抗战不能速胜，就建立在日本的帝国主义制度及其强的军力、经济力和政治组织力的基础上面。而中国半封建半殖民地社会的性质以及积贫积弱的弱国地位，也是中

① 《毛泽东选集》第1卷，人民出版社1991年版，第171页。
② 《毛泽东选集》第2卷，人民出版社1991年版，第447页。

日战争不可避免和中国抗战不能速胜的原因。

2. 敌退步我进步。20 世纪初,世界进入了帝国主义和无产阶级革命的时代。在这个时代,帝国主义国家中的无产阶级和资产阶级的矛盾、帝国主义国家之间的矛盾、殖民地半殖民地国家和帝国主义宗主国之间的矛盾更加尖锐、更加扩大。20 世纪 30 年代的日本帝国主义,由于内外矛盾,使得它不得不举行空前大规模的冒险战争,并且使得它濒临最后崩溃的前夜。从社会历史的行程说来,日本已不再是一个向上的兴旺的国家,战争非但不能达到日本统治阶级所期求的兴旺,反而将达到它所期求的反面——日本帝国主义的死亡。日本社会经济的帝国主义性决定了日本战争的帝国主义性。它的战争是退步的,加上日本又是一个带军事封建性的帝国主义国家,决定了它的战争的特殊的野蛮性。日寇入侵中国以后,奸淫掳掠,进行物质上的掠夺破坏、精神上的奴役摧残,其残忍野蛮程度都是人类历史上所罕见的。1937 年 12 月 13 日日寇攻陷南京后,在华中派遣军司令松井石根和第六师团长谷寿夫指挥下,侵华日军在南京及附近地区进行了长达 6 周的有组织、有计划、有预谋的大屠杀和奸淫、放火、抢劫等血腥暴行,大量平民及战俘被日军杀害。在南京大屠杀中,遇难人数超过 30 万人。日本侵华战争的退步性和极端野蛮性,极大地激起了它国内的阶级对立、日本民族和中国民族的对立、日本和世界大多数国家的对立。日本战争的退步性和野蛮性是日本战争必然失败的主要根据。

与日本的退步与没落相反,中国则处于历史上空前进步与兴旺的时代。近代以来,中国人民为了争取民族独立、人民解放和国家强盛,前赴后继,不懈奋斗,进行了可歌可泣的英勇斗争。鸦片战争、太平天国、戊戌维新、辛亥革命、北伐战争等反帝反封建的斗争虽然遭到了严重挫折和失败,但锻炼了中国人民。近百年解放运动的积累,使中国处于历史上最进步的时期。抗日战争开始时的中国,已经不同于任何历史时期。中国的军事、经济、政治、文化虽然不如日本强，但有了比任何一个历史时期更为进步的因素——有了工人阶级及其政党中国共产党，有了中国共产党领导的新型人民军队，有了觉悟的或正在觉悟的中国人民，有了中国共产党领导两次国内革命战争的经验。中国共产党及其领导下的军队则是这种进步因素的代表。毛泽东指出："中国是如日方升的国家，这同日本帝国主义的没落状态恰是相反的对照。中国的战争是进步的，从这种进步性，就产生了中国战争的正义性。因为这个战争是正义的，就能唤起全国的团结，激起敌国人民的同情，争取世界多数国家的援助。"①中国空前的进步性和兴旺发展，使持久战和最后胜利具有了可能性。

3. 敌小我大。日本的军力、经济力和政治组织力虽强，但在量的方面又先天不足。日本国度比较小，其人力、军力、财力、物力均感缺乏，经不起长期的战争。日本统治者想从战争中解决这个困难问题，却将达到其所期求的反面，它为解决这个困难问题而发动战争，结果将因战争而增加困难，战争将连它原有的东西也消耗掉。中国则是一个很大的国家，地大、物博、人多、兵多，能够支持长期的战争。

4. 敌寡助我多助。得道多助，失道寡助。日本侵略中国的战争是非正义的战争，支持它的只有少数法西斯国家，世界上爱好和平的国家和人民则坚决反对日本的侵略战争。这种反对力量远远超过支持它的力量。这种反对力量的逐渐增长，终将抵消援助它的力量。而由于中国抗日战争的进步性、正义性，得到了国际的广大援助。

毛泽东指出："总起来说，日本的长处是其战争力量之强，而其短处则在其战争本质的退步性、野蛮性，在其人力、物力之不足，在其国际形势之寡助。这些就是日本方面的特点。"②"中国的短处是战

① 《毛泽东选集》第2卷，人民出版社1991年版，第449页。
② 《毛泽东选集》第2卷，人民出版社1991年版，第448页。

争力量之弱，而其长处则在其战争本质的进步性和正义性，在其是一个大国家，在其国际形势之多助。这些都是中国的特点。”①

三、鲜明回答抗日战争是持久战，最后胜利是中国的

毛泽东指出：“日本的军力、经济力和政治组织力是强的，但其战争是退步的、野蛮的，人力、物力又不充足，国际形势又处于不利。中国反是，军力、经济力和政治组织力是比较地弱的，然而正处于进步的时代，其战争是进步的和正义的，又有大国这个条件足以支持持久战，世界的多数国家是会要援助中国的。——这些，就是中日战争互相矛盾着的基本特点。”②“这些特点是事实上存在的，不是虚造骗人的；是战争的全部基本要素，不是残缺不全的片段；是贯彻于双方一切大小问题和一切作战阶段之中的，不是可有可无的。”③这些特点“规定了和规定着战争的持久性和最后胜利属于中国而不属于日本。战争就是这些特点的比赛。这些特点在战争过程中将各依其本性发生变化，一切东西就都从这里发生出来”。④ 观察抗日战争，必须客观地、全面地把握这些特点，对于抗日战争的进程和结局作出正确的判断，并据此制定抗日战争的正确的战略策略。敌强我弱，决定了战争的不可避免和持久性；敌小我大、敌退步我进步、敌寡助我多助，决定了中国不会亡，最后胜利是中国的。而在战争进程中，日本必然要实行以灭亡中国为目的的侵略政策和战争政策，中国则必然实行以驱逐日本帝国主义，建立独立、自由、平等的新中国为目的的

---

① 《毛泽东选集》第 2 卷，人民出版社 1991 年版，第 449 页。
② 《毛泽东选集》第 2 卷，人民出版社 1991 年版，第 449—450 页。
③ 《毛泽东选集》第 2 卷，人民出版社 1991 年版，第 450 页。
④ 《毛泽东选集》第 2 卷，人民出版社 1991 年版，第 450 页。

坚持抗战、坚持抗日统一战线的政策；日本必然采取战略上速决战的方针，并能在中国横行一个时期，中国则采取战略上的持久战，并不可避免要走一段艰难的路程。但中国只要坚持抗日统一战线的政策，坚持持久战的方针，就能够逐渐改变敌我力量对比，使战争向着有利于中国而不利于日本的方向发展，并最终取得抗日战争的胜利。

四、深刻剖析"亡国论"和"速胜论"的认识论根源

唯物辩证法要求我们用客观的、全面的、联系的、发展的眼光与方法看问题。要"坚持考察的客观性"①，从具体的现实出发，客观、如实地认识事物的本质与特点，而不是从空虚的理论命题或主观想象出发，"不注意具体特点，妄把主观构成的东西当作特点"②；要坚持考察的全面性，把握与所从事的实践活动相关的内部矛盾和外部矛盾、主要矛盾和非主要矛盾、主要矛盾方面和非主要矛盾方面，确定有主有次、有先有后地解决问题，而不是罗列部分事实、纠缠一些枝节，抓住一点，不及其余，陷于形而上学片面性；要坚持考察的联系性，弄清事物各种矛盾的关系、每一矛盾中各个方面的关系，特别要抓住事物内部的、必然的、本质的关系，弄清事物的本质、主流、规律、趋势，而不是孤立地看问题，只看到事物的若干方面、若干要素、若干部分，而不能把这些方面、要素、部分联系起来；要坚持考察的发展性，从事物各种矛盾以及矛盾各个方面的交互作用、力量对比变化中预见事物的发展趋势和前途，制定所从事的实践活动的战略方向、政策策略、措施办法，与世推移，与时偕行，而不是静止地看问题，看不到事物的变化发展，落后于事物的发展进程。要坚持考察的本质性，

---

① 《列宁专题文集·论辩证唯物主义和历史唯物主义》，人民出版社 2009 年版，第 139 页。

② 《毛泽东哲学批注集》，中央文献出版社 1988 年版，第 432 页。

透过纷繁复杂的现象，抓住事物的本质、规律和内部联系，而不能浅尝辄止、浮光掠影、不求甚解。马克思主义的唯物论是辩证的唯物论，马克思主义的辩证法是唯物的辩证法。辩证法是以唯物论为前提的，离开了唯物论，辩证法就成为主观的、任意的东西，就会陷于相对主义和诡辩论。用来指导实践，就会在事实面前碰得头破血流；用来认识和评价，就会是非颠倒、善恶不辨，造成思想理论和价值观念的混乱；唯物论是以辩证法为保证的，离开了辩证法，就会陷于形而上学的、机械论的孤立性、静止性、片面性、表面性。而孤立、静止、片面、表面也是唯心主义的，因为事物本身是联系的、发展的、全面的、具有内部联系的。我们只有坚持考察的客观性，用联系的、发展的、全面的、本质的眼光看问题，才能如实反映客观事物及其本质规律，才能指导实践取得胜利和成功。如果脱离客观实际，不具体分析事物的固有特点，不具体分析事物发展的过程、阶段、条件、可能，用抽象、空洞的理论去指导实践，就一定会导致实践的失败。

毛泽东早在1936年写的《中国革命战争的战略问题》中，就明确指出：研究战争指导规律，“应该着眼其特点和着眼其发展，反对战争问题上的机械论”①。在《论持久战》中，毛泽东进一步指出：“战争问题中的唯心论和机械论的倾向，是一切错误观点的认识论上的根源。他们看问题的方法是主观的和片面的。或者是毫无根据地纯主观地说一顿；或者是只根据问题的一侧面、一时候的表现，也同样主观地把它夸大起来，当作全体看。”因此，“反对战争问题中的唯心论和机械论的倾向，采用客观的观点和全面的观点去考察战争，才能使战争问题得出正确的结论”。②

无论“亡国论”，还是“速胜论”，其看问题的方法，都是唯心主义

① 《毛泽东选集》第1卷，人民出版社1991年版，第173页。
② 《毛泽东选集》第2卷，人民出版社1991年版，第447页。

的和机械的、形而上学的。“亡国论”只看到了敌强我弱这一矛盾，并且将其夸大为抗日战争全部问题的根据；而看不到敌小我大、敌退步我进步、敌寡助我多助，看不到中国正处在空前的兴旺和发展时期，日本则处于没落时期。“速胜论”则只看到敌小我大、敌退步我进步、敌寡助我多助，看不到敌强我弱，夸大中国的长处，无视中国的短处，或者将一时一地的强弱视为总体的强弱，把一时一地的胜利误认为整个战争的胜利。“速胜论”不承认总体的敌强我弱这个事实，盲目乐观，或冒进轻敌，或不愿做巩固发展抗日统一战线的工作，或不愿意做艰苦持久战的准备，也只能导致“败军亡国”的结果。

毛泽东批判“亡国论”和“速胜论”及其世界观方法论的错误，指出只有运用唯物辩证法的观点考察战争，才能得出正确的结论。抗日战争是持久战，最后胜利是中国的，是从中日战争双方的全部特点及其联结中得出的结论。中日战争双方相互矛盾的基本特点是相互联系、相互制约并发展变化的，单是从敌强我弱看，或单是从敌小我大、敌退步我进步、敌寡助我多助看，或单是从静止的观点看，都不能得出抗日战争是持久战、最后胜利是中国的这样的结论的。只有根据敌我双方全部的特点及其相互联系与发展变化，才能得出抗日战争是持久战、最后胜利是中国的这样的结论。由于敌强我弱，中国有被灭亡的危险；而敌小我大、敌退步我进步、敌寡助我多助，减弱甚至抵消了敌人强的因素，中国不会亡。而在整个抗日战争过程中，由于我之抗日民族统一战线的巩固发展以及全国党派、军队、人民的共同努力，由于中国共产党及其领导的军队在抗日战争中的中流砥柱的作用，由于国际的支持与援助，敌人的长处不断削弱、缺点不断扩大，我之长处不断加强、缺点不断克服，由处于劣势到势均力敌再到取得优势，因而能够坚持持久战，并能最后战胜日本侵略者。

在抗战之前，有人说“中国武器不如人，战必败”。抗战开始后，又说“再战必亡”。毛泽东批判了“亡国论”的“唯武器论”，指出这是战争问题上的“机械论”,是主观地、片面地看问题。在战争中人和物的关系问题上,毛泽东指出:“武器是战争的重要因素,但不是决定的因素,决定的因素是人不是物。”[①]他强调要放手发动群众,紧紧依靠群众,造成人民战争的汪洋大海,激发全民族共同抗日的热情、决心、毅力、勇气;同时他也高度重视经济力量、军事力量、技术力量和武器的作用,号召大力发展经济,大力发展新的军事工业,不断提高和增进技术条件。毛泽东既反对重物轻人的“唯武器论”,将人作为战争的决定因素;又高度重视武器的作用,将武器视为战争的重要因素。这一关于人和武器关系的思想,对于增强抗战军民的必胜信心,具有重要意义。

① 《毛泽东选集》第2卷,人民出版社1991年版,第469页。

第三章　过程思维:准确预见抗日战争的进程与阶段

世界不是一成不变的事物的集合体,而是过程的集合体。每一事物在其内部矛盾和外部矛盾的交互作用推动下,都有一个发展变化的过程,都经历若干发展阶段。坚持运用过程性思维,科学预见事物的发展过程和发展阶段、发展规律和发展趋势,使自己的思想和行动随着事物的发展变化而发展变化,既立足当前又放眼长远,既要采取与当下阶段相适应的恰当的战略策略、措施办法,又要不失时机地将事物发展推向更高的阶段,使事物朝着有利的方向发展,是对于战略领导者的必然要求,也是战略领导者必备的思维素质。在《论持久战》中,毛泽东以发展的眼光看问题,运用过程性思维研究抗日战争,科学预见了抗日战争的发展进程与发展阶段,制定了与各个发展阶段相适应的战略方针。

一、把握趋势预见未来是过程思维的本质要求

事物不仅作为整体而存在,而且作为过程而存在。战略思维不仅要从事物的整体结构考虑问题,还必须从事物的动态过程考虑问题,不仅要照顾各个局部,而且要照顾各个阶段。要明确地认识到任

何事物都是一个动态的发展过程,而这个过程又是由许多阶段构成的。因此,就要深入研究事物的发展规律,预见事物的发展趋势和发展阶段,注意各个阶段之间的区别与联系,确定战略目标,划分战略阶段,安排战略步骤,调动力量资源,既要立足当前,为实现当前阶段的任务和目标而努力;又要放眼长远,为实现重点转移、推进实践发展、实现更高目标、达到最终目的创造条件。我们考虑任何问题,都要着眼于长远,都要有预见性和前瞻性。战略思维本质上是一种预见性思维,战略目标的确立,战略步骤的设计,战略布局的谋划,战略措施的选择,都是对于未来的筹划。

准确预见事物发展趋势,并采取适当的行动影响事物发展方向和发展过程,是战略家的最高理想。历史规律不可违背,时代潮流不可抗拒。但人们可以认识历史规律,顺应时代潮流,预见未来趋势,并采取适当的行动和方法,来干预事物发展的进程,达到自己的目的。而要驾驭事态发展,影响历史走向,减少风险,化解危机,争取好的前景,避免坏的结局,就要有预见有先知。古人不仅讲不谋全局者不足以谋一域,更讲不谋万世者不足以谋一时,还讲无远虑者必有近忧。

毛泽东高度重视科学预见在战略领导活动中的作用。比如打仗,在打第一仗之先,必须想到以后几仗如何打法。虽然结果并非尽如所期,但必须依据战争双方的情况仔细地切实地想明白。如果没有全局在胸,是不会真的投下一着好棋的。他说:"战略指导者当其处在一个战略阶段时,应该计算到往后多数阶段,至少也应计算到下一个阶段。尽管往后变化难测,愈远看愈渺茫,然而大体的计算是可能的,估计前途的远景是必要的。那种走一步看一步的指导方式,对于政治是不利的,对于战争也是不利的……贯通全战略阶段乃至几个战略阶段的、大体上想通了的、一个长时期的方针,是决不可少的。不这样做,就会弄出迟疑坐困的错误,实际上适合了敌人的战略要求,陷自己于被动地位。须知敌人的统帅部,是具有某种战略眼光的。我们只有使自己操练得高人一等,才有战略胜利的可能。”①若没有预见性的估算,束缚于眼前的利害,就是失败之道。他要求“把今天联结到明天,把小的联结到大的,把局部联结到全体,反对走一步看一步”②。毛泽东作为杰出的辩证法大师,具有超凡的洞察力和卓越的预见力。他高瞻远瞩、深谋远虑,对于中国革命和建设中一些重大事件的预见,其科学性、准确性超出了一般人的想象。他在领导作战时,总是一开始就对战略退却、战略反攻、战略追击各阶段作出通盘的研究与预测,有计划有步骤地规划和实施战略行动。

二、中日双方力量对比在战争进程中不断变化

联系与发展是唯物辩证法的基本原则。联系是指事物之间和事物内部诸要素之间的相互影响、相互作用、相互制约。联系是普遍的,世界上的任何事物都和周围的其他事物处于普遍联系之中;联系是客观的,它不依人的主观意志为转移,我们既不能否定事物固有的联系,也不能主观臆造事物的联系;联系是多种多样的,其中既有内部的、本质的、必然的联系,也有外部的、非本质的、偶然的联系。前者决定着事物的基本性质和发展趋势,后者则对事物的发展起着促进或延缓的作用。要坚持联系的客观性、普遍性和多样性,客观地、全面地、深刻地认识事物的联系,特别是要抓住事物的本质的、必然的和内部的联系,真正把握事物的本质、规律和发展趋势。

事物是普遍联系的,也就是说,事物内部的各种要素之间以及事物之间是相互作用的,正是这种相互作用构成了事物的运动、变化和

---

① 《毛泽东选集》第1卷,人民出版社1991年版,第221—222页。

② 《毛泽东军事文集》第1卷,军事科学出版社、中央文献出版社1993年版,第418页。

发展。相互作用是事物运动的真正的终极原因。运动是一般的变化。变化则包括量变与质变以及上升与下降、前进与倒退的运动。发展是变化的高级形式，是从量变到质变的过程，是由低级到高级的前进与上升运动。由于事物发展的总体方向是前进、上升的，因而事物乃至整个世界是作为过程而存在的。

唯物辩证法不仅要求用联系的全面的观点看问题，还要求用发展的变化的观点看问题。毛泽东说："我们反对革命队伍中的顽固派，他们的思想不能随变化了的客观情况而前进，在历史上表现为右倾机会主义。这些人看不出矛盾的斗争已将客观过程推向前进了，而他们的认识仍然停止在旧阶段……我们也反对'左'翼空谈主义。他们的思想超过客观过程的一定发展阶段，有些把幻想看作真理，有些则把仅在将来有现实可能性的理想，勉强地放在现时来做，离开了当前大多数人的实践，离开了当前的现实性，在行动上表现为冒险主义。"①战略领导者所应具有的过程性思维，突出表现在能够深谋远虑、见微知著。如果不能从长远的发展的观点看问题办事情，不能从事物的现状察知其未来发展，做到未雨绸缪，有备无患，而是走一步看一步，就会处处被动，疲于应付。毛泽东善于通过总结历史经验、分析现实状况、察知萌芽端倪，预见事物发展趋势和走向。他在中国共产党第七次全国代表大会上作的结论中指出："人们通常看得见大东西，看不见小东西，但是有些大东西，也看不见……凡是大的错误，就是对大量的普遍的东西看不到。所谓预见，不是指某种东西已经大量地普遍地在世界上出现了，在眼前出现了，这时才预见；而常常是要求看得更远，就是说在地平线上刚冒出来一点的时候，刚露出一点头的时候，还是小量的不普遍的时候，就能看见，就能看到它的

① 《毛泽东选集》第1卷，人民出版社1991年版，第295页。

将来的普遍意义。”①毛泽东强调要善于开动脑筋，多思多想，善于分析问题，去掉盲目性，增强预见性。

抗日战争爆发之后，中国社会各阶级阶层对于抗战的前景有着截然不同的看法。一种是消极悲观的“亡国论”，一种是盲目乐观的“速胜论”。在《论持久战》中，毛泽东不仅运用唯物辩证法关于联系的观点，全面而深入地分析中日战争双方各自的基本特点、抗日战争发生的时代条件和国际环境，还运用唯物辩证法关于发展的观点，准确预见中日战争双方力量对比的变化，从而科学地预见了抗日战争的最终结局和发展进程。

毛泽东认为，敌强我弱，决定了抗日战争不能速胜，而是持久战；敌小我大，敌退步我进步，敌寡助我多助，则决定了中国不会亡，最后胜利是中国的。在整个战争过程中，敌我双方的力量对比将会发生变化，中国由劣势到平衡到优势，日本由优势到平衡到劣势，中国由防御到相持到反攻，日本由进攻到保守到退却。

首先，从抗日战争所处的时代特点和历史条件看中日双方力量对比的变化。中国的抗日战争所处的时代，是帝国主义和无产阶级革命的时代。在这个时代，无产阶级社会主义革命和世界民族解放运动日益高涨，资本主义世界的各种矛盾则日益尖锐加剧。各帝国主义国家为了解决其相互之间的矛盾、与殖民地附属国之间的矛盾、各自内部的矛盾以及日益加重的经济危机，重新开始瓜分世界的战争。在这个时代，中国人民反抗日本帝国主义侵略、争取民族独立的抗日战争，作为世界无产阶级社会主义革命的一部分，是进步的、正义的战争，日本帝国主义对中国发动的侵略战争，是退步的、非正义的战争。世界范围内无产阶级社会主义革命和民族解放运动的兴起，社会主义制度在一些国家的建立和发展，世界反法西斯阵营的形

① 《毛泽东文集》第3卷，人民出版社1996年版，第395页。

成和不断壮大,中国获得的物质的和道义的国际援助不断增加,客观上牵制、削弱了日本帝国主义的力量,直接或间接地增强了中国抗日战争的力量,促进了中日战争双方力量对比的变化。

其次,从中日战争双方相互矛盾的基本特点看中日双方力量对比的变化。在《论持久战》中,毛泽东不仅分析了中国和日本各自的基本因素、基本特点,还分析了中日双方各自的基本因素、基本特点之间的关系,并进而分析中国和日本各自具有的基本因素、基本特点的相互作用、相互联结,揭示中日双方力量对比变化的必然性。日本是一个强国,但其国小、退步、寡助,由于其经济、社会、军事的封建性或帝国主义性,决定了其发动的侵华战争的极端野蛮性和退步性,因而必然激起中华民族和中国人民的强烈反抗,激起世界上大多数国家和人民的反对,也激起日本国内的阶级对立。中国是一个半殖民地半封建的弱国,但国大、进步、多助。日本是一个强国的优势必然在战争中被其国小、退步、寡助的不利条件所消减,中国是一个弱国的劣势必然在全民族抗日战争中因国大、进步、多助的有利条件所改变。

再次,从中日战争双方基本因素、基本特点的量变和质变看中日双方力量对比的变化。在《论持久战》中,毛泽东运用质的分析和量的分析相结合的方法研究中日战争双方的力量对比变化,为科学预见战争进程、制定和实施正确战略策略提供客观根据。中日战争双方相互矛盾着的基本因素、基本特点,是质和量的统一体;中日战争双方力量对比的变化是由量变到质变的过程。毛泽东不仅指出日本帝国主义的侵略战争是非正义的、退步的战争,中国人民的抗日战争则是正义的、进步的战争;而且指出中日战争双方相互矛盾着的基本因素及其力量对比在战争进程中是不断变化的,各有向上和向下两种趋势。从总体上说,由于中国抗日战争的正义性、进步性,其总的发展趋势是向上的,虽然在有些方面、有些阶段也会出现向下的趋势，但向上发展的是新的质和量，主要表现在质上，向下变化的是旧的质和量，主要表现在量上；由于日本帝国主义侵略战争的非正义性和退步性，其总的变化趋势是向下的，尽管在有些方面、有些阶段也会出现向上的趋势，但向上变化是旧的质和量，主要表现在量上。毛泽东不仅从总体上分析中日战争双方基本因素、力量对比之向上和向下的趋势，还具体分析中日双方在战争中各自向上和向下的变化，以及双方力量对比从量变到质变、从部分质变到根本质变的过程，从而准确预见抗日战争的进程与阶段。

最后，从中国抗日战争的正义性进步性、中华民族团结一致与敌人血战到底的决心意志、抗战军民主观能动性的发挥方面看中日双方力量对比的变化。毛泽东指出："战争是力量的竞赛，但力量在战争过程中变化其原来的形态。在这里，主观的努力，多打胜仗，少犯错误，是决定的因素。客观因素具备着这种变化的可能性，但实现这种可能性，就需要正确的方针和主观的努力。"①"战争就是两军指挥员以军力财力等项物质基础作地盘，互争优势和主动的主观能力的竞赛。竞赛结果，有胜有败，除了客观物质条件的比较外，胜者必由于主观指挥的正确，败者必由于主观指挥的错误。"②"战争力量的优劣本身，固然是决定主动或被动的客观基础，但还不是主动或被动的现实事物，必待经过斗争，经过主观能力的竞赛，方才出现事实上的主动或被动。在斗争中，由于主观指导的正确或错误，可以化劣势为优势，化被动为主动；也可以化优势为劣势，化主动为被动。一切统治王朝打不赢革命军，可见单是某种优势还没有确定主动地位，更没有确定最后胜利。"③"战争的胜负，主要地决定于作战双方的军事、政治、经济、自然诸条件，这是没有问题的。然而不仅仅如此，还决定

① 《毛泽东选集》第2卷，人民出版社1991年版，第487页。
② 《毛泽东选集》第2卷，人民出版社1991年版，第490页。
③ 《毛泽东选集》第2卷，人民出版社1991年版，第491页。

于作战双方主观指导的能力。”[①]战争力量是进行战争的根本前提，但战争力量强弱优劣本身还不是现实战争中的主动与被动,还不是战争最终的胜与负。只有经过斗争,经过战争双方主观能力的竞赛,才能出现事实上的主动或被动以及战争最终的胜负。在抗日战争中,只要坚持全民族抗战,充分发挥全体抗战军民的主观能动性,采取正确的战略方针,就可以改变战争力量对比的强弱状态,就可以化被动为主动,化劣势为优势,并最终取得抗日战争的胜利。

三、持久战要经历战略防御、战略相持、战略反攻三个阶段

指导和进行战争,必须对敌我双方力量对比及其变化作出正确估计,据此制定和实施正确的战略战术,正确使用自己的力量,达到战胜敌人的目的。根据敌我双方力量对比在战争过程中的变化情况,划分战争阶段,采取相应战略战术,是毛泽东指导中国革命战争的重要方法。毛泽东在深入分析中日战争双方相互矛盾的基本特点及其力量对比在战争中变化的基础上,科学预见了抗日战争的发展过程和必然趋势,指出抗日战争是持久战,最后胜利将是属于中国的,这种持久战具体地表现为战略防御、战略相持、战略反攻三个阶段。在每一个阶段,要根据敌我双方力量对比情况采取相应的战略战术。

第一阶段,是敌之战略进攻、我之战略防御的时期。在这一阶段中,敌人的战略企图是攻占广州、武汉、兰州,并把这三点联系起来。敌人要达到这个目的,至少出 50 个师团,约 150 万兵员,时间一年半至两年,用费将在 100 亿日元以上。敌人如此深入,其困难是非常之

① 《毛泽东选集》第 1 卷,人民出版社 1991 年版,第 182 页。

大的，其后果将不堪设想。至于想要完全占领粤汉铁路和西兰公路，将经历非常危险的战争，未必尽能达其企图。但是我们的作战计划，应把敌人可能占领三点甚至三点以外的某些部分地区尽可能互相联系起来作为一种基础，部署持久战，即使敌如此做，我也有应付之方。这一阶段我所采取的战争形式主要的是运动战，而以游击战和阵地战辅助之。在这个阶段中，中国已经结成了广大的统一战线，实现了空前的团结。中国虽有颇大的损失，但是同时却有颇大的进步，这种进步就成为第二阶段继续抗战的主要基础。而在日本方面，士气已经开始表现颓靡，陆军进攻的锐气在此阶段的中期已不如初期，末期将更不如初期。其财政和经济已开始表现其竭蹶状态，人民和士兵的厌战情绪已开始发生，战争指导集团的内部已开始表现其“战争的烦闷”，生长着对于战争前途的悲观。

第二阶段，是战略相持阶段，即敌之战略保守、我之准备反攻的时期。到了第一阶段末尾，由于敌之兵力不足和我之坚强抵抗，敌人不得不停止战略进攻，转为战略保守。在此阶段内，敌之企图是保守占领地，组织伪政府，从中国人民身上尽量搜括东西，但又遇着顽强的游击战争。游击战争在第一阶段中乘着敌后空虚有了普遍的发展，建立了许多根据地，基本上威胁到敌人占领地的保守，因此第二阶段仍将有广大的战争。此阶段中我之作战形式主要的是游击战，而以运动战辅助之。此时中国尚能保有大量的正规军，不过一方面因敌在其占领的大城市和大道中取战略守势，另一方面因中国技术条件一时未能完备，尚难迅即举行战略反攻。除正面防御部队外，我军将大量地转入敌后，比较地分散配置，依托一切敌人未占区域，配合民众武装，向敌人占领地作广泛的和猛烈的游击战争，并尽可能地调动敌人于运动战中消灭之。此阶段的战争是残酷的，地方将遇到严重的破坏。但是游击战争能够胜利，做得好，可能使敌只能保守占领地三分之一左右的区域，三分之二左右仍然是我们的，这就是敌人的大失败，中国的大胜利。那时,整个敌人占领地将分为三种地区:第一种是敌人的根据地,第二种是游击战争的根据地,第三种是双方争夺的游击区。这个阶段的时间的长短,依敌我力量增减变化的程度如何及国际形势变动如何而定。此时我们的任务,在于动员全国民众,齐心一致,绝不动摇地坚持战争,把统一战线扩大和巩固起来,排除一切悲观主义和妥协论,提倡艰苦斗争,实行新的战时政策,熬过这一段艰难的路程。此阶段内,必须号召全国坚决地维持一个统一政府,反对分裂,有计划地增强作战技术,改造军队,动员全民,准备反攻。敌人方面,陷在中国泥潭中的几十个师团抽不出去。广大的游击战争和人民抗日运动将疲惫这一大批日本军,一方面大量地消耗之,另一方面进一步地增长其思乡厌战直至反战的心理,从精神上瓦解这个军队。日本在中国的掠夺虽然不能说它绝对不能有所成就,但是日本资本缺乏,又困于游击战争,急遽的大量的成就是不可能的。这第二阶段是整个战争的过渡阶段,也将是最困难的时期,然而它是转变的枢纽。中国将变为独立国,还是沦为殖民地,不决定于第一阶段大城市之是否丧失,而决定于第二阶段全民族努力的程度。如能坚持抗战,坚持统一战线和坚持持久战,中国将在此阶段中获得转弱为强的力量。

法国战略学家安德烈·博福尔在《战略入门》一书中在谈到战略的样式时,高度评价毛泽东在抗日战争中的游击战思想。他说,如果行动自由很大,但所能动用的资源不足以保障军事胜利的实现,那么,也许就须求助于一种长期斗争的战略。其目的是使敌人士气低落、身心疲惫。为了保证这种斗争能长期坚持下去,所使用的资源必然是极为原始的,但其技术却要迫使敌人作极大的消耗,以至于无法持久,这通常就是在广阔的范围内使用游击战术为主的总体战争。这种战略样式称为低军事强度的持久斗争。通常应用于殖民地解放战争中,并已取得成功。其主要的理论家是毛泽东。值得注意的是,采取这种战略需要战争的参加者有相当的精神忍耐力,其先决条件就是在斗争中必须有强烈感情因素和高度发展的民族团结精神。因此,这种战略在解放战争中最为适用。

第三阶段,为收复失地的反攻阶段,即我之战略反攻、敌之战略退却的时期。在这个阶段,战争已不是战略防御,而将变为战略反攻,并将表现为战略进攻;已不是战略内线,而将逐渐地变为战略外线。第三阶段是持久战的最后阶段,所谓坚持战争到底,就是要走完这个阶段的全程。这个阶段我所采取的主要的战争形式仍将是运动战,但是阵地战将提到重要地位。此阶段内的游击战,仍将辅助运动战和阵地战而起其战略配合的作用。在这个阶段中,中国将主要依靠自己在前阶段中准备着的和在本阶段中继续生长着的力量,同时依靠国际力量和敌国内部变化的援助,收复失地,取得抗日战争的最后胜利。

毛泽东在论述了抗日战争的三个阶段后指出,战争的长期性和随之而来的残酷性是明显的,敌人不能整个地吞并中国,但是能够相当长期地占领中国的许多地方;中国也不能迅速地驱逐日本,但是大部分的土地将依然是中国的。最后是敌败我胜,但是必须经过一段艰难的路程。中国人民在这样长期和残酷的战争中将受到很好的锻炼,参加战争的各政党也将受到锻炼和考验。统一战线必须坚持下去。只有坚持统一战线,才能坚持战争。只有坚持统一战线和坚持战争,才能有最后胜利。只有坚持统一战线和坚持战争,一切困难就能够克服。跨过战争的艰难路程之后,胜利的坦途就到来了,这是战争的自然逻辑。

在抗日战争的三个阶段中,敌我力量的变化将循着下述的道路前进,即"中国由劣势到平衡到优势,日本由优势到平衡到劣势,中国由防御到相持到反攻,日本由进攻到保守到退却。——这就是中日战争的过程,中日战争的必然趋势。"[①]我之这种劣势有两种不同

① 《毛泽东选集》第2卷,人民出版社1991年版,第468—469页。

的变化。第一种是向下的变化。中国原来的劣势，经过第一阶段的消耗将更为严重，这就是土地、人口、经济力量、军事力量和文化机关等的减缩。第二种是向上的变化。这就是战争中的经验，军队的进步，政治的进步，人民的动员，文化的新方向的发展，游击战争的出现，国际援助的增长等等。向下的东西是旧的量和质，主要地表现在量上；向上的东西是新的量和质，主要地表现在质上。这第二种变化是我们能够进行持久战并最后取得胜利的根据。在第一阶段中，敌人方面也有两种变化。第一种是向下的，表现在：几十万人的伤亡，武器和弹药的消耗，士气的颓靡，国内人心的不满，贸易的缩减，一百万万日元以上的支出，国际舆论的责备等等方面。第二种是向上的变化，那就是它扩大了领土、人口和资源。但是敌人的这种向上变化是暂时的和局部的。在第二阶段，中日战争双方的变化将继续发展，日本继续向下，其军力、财力大量地消耗于中国的游击战争，国内人心更加不满，士气更加颓靡，国际上更感孤立。中国继续向上，政治、军事、文化和人民动员将更加进步，游击战争更加发展，经济方面也将依凭内地的小工业和广大的农业而有某种程度的新发展，国际援助将逐渐地增进。在这个时间内，敌我力量对比将发生巨大的相反的变化，中国将逐渐上升，日本则逐渐下降。那时中国将脱出劣势，日本则脱出优势，先走到平衡的地位，再走到优劣相反的地位。然后中国大体上将完成战略反攻的准备而走到实行反攻、驱敌出国的阶段。在第三阶段，在中日战争双方的力量对比发生了根本性的变化的基础上，中国转入战略反攻，日本转入战略退却和溃败。但由于中国政治和经济发展不平衡，在其前一时期将不是全国整齐划一的姿态，而是带地域性的和此起彼落的姿态。在此时期中的国际形势将更为有利于中国。中国的任务，就在于利用这种国际形势取得自己的彻底解放，建立独立的民主国家。

毛泽东科学分析了中日战争双方力量对比的变化，准确预见了中日战争因双方力量对比变化而经历的相互联系、前后相继的三个阶段，提出了在各个阶段中国应采取的战略战术，为抗日战争指明了胜利的方向和道路。毛泽东说：“客观现实的行程将是异常丰富和曲折变化的，谁也不能造出一本中日战争的‘流年’来；然而给战争趋势描画一个轮廓，却为战略指导所必需。”[①]但抗日战争的客观进程和最终结局雄辩地证明了毛泽东的预见的正确性。在这里，必须指出的是，科学的预见是以事实为依据、以客观规律为基础的，是建立在对于实际情况的全面把握和科学分析的基础之上的。我们只有通过分析矛盾双方的特点、性质和相互作用，分析内部条件和外部环境，分析时代特点和历史条件，才能对于事物发展的进程、阶段、趋势、结局作出大致准确的预见。如果离开了客观事实和客观规律，仅凭良好的愿望和主观的猜测进行预见，就无科学性可言。

① 《毛泽东选集》第2卷，人民出版社1991年版，第462页。

第四章　价值思维:深刻揭示抗日战争的目的与使命

人的认识与实践是有目的有意识的,是为了追求某种价值、实现某种目的而进行的。思维方式是包含价值观念在内的。价值观念作为思维方式的内在灵魂,规定了思维活动的价值取向。马克思主义哲学揭示了自然界、人类社会和人类思维发展的普遍规律,代表了工人阶级和广大人民群众的利益,以指导工人阶级和广大人民群众改造世界的实践为崇高使命。马克思在《关于费尔巴哈的提纲》中指出:"哲学家们只是用不同的方式解释世界,而问题在于改变世界。"①马克思恩格斯在《德意志意识形态》中说:"对实践的唯物主义者即共产主义者来说,全部问题都在于使现存世界革命化,实际地反对并改变现存的事物。"②人们认识世界和改造世界,就是要使客观事物发生既合规律又合目的的变化,以适合人类生存和发展的需要。而人们对于认识对象的选择,对于客观规律的把握,对于实践目标的确立,对于方法手段的采用,都是在一定的价值观念引导下进行的。毛泽东在《论持久战》中,反对单纯战争与军事思维,从政治与价值的

---

① 《马克思恩格斯选集》第1卷,人民出版社2012年版,第140页。

② 《马克思恩格斯选集》第1卷,人民出版社2012年版,第155页。

视野看问题，运用价值思维观察、研究抗日战争，在战争与政治、战争的目的、为永久和平而战等部分中，鲜明地揭示了抗日战争的政治目的、抗日战争的直接目的以及抗日战争对于实现世界永久和平的意义，为动员全民族的力量进行伟大的抗日战争，指明了方向。

一、抗日战争的政治目的：驱逐日本帝国主义，建立自由平等的新中国

列宁指出："战争是政治通过另一种手段（暴力手段）的继续"，"这是论述军事问题最深刻的著作家之一克劳塞维茨的一句名言。马克思主义者一向公正地把这一论点看作考察任何一场战争的意义的理论基础。马克思和恩格斯一向就是从这个观点出发来考察各种战争的。"①战争与政治密切相关，政治决定着战争的产生、性质、目的，影响战争的进程与最终结局。政治统率战争，战争为实现政治目的而展开。没有离开政治的军事与战争，若离开政治的统率，离开政治目的，战争就失去了方向。

早在第二次国内革命战争时期，毛泽东就强调政治工作是革命队伍的生命线。他在 1929 年 12 月为红四军第九次党代会起草的决议中指出，红军是一个执行革命的政治任务的武装集团，除了打仗消灭敌人的军事力量外，还要负担宣传、组织、武装群众，帮助群众建立革命政权以至于共产党的组织等重大任务。离开了对群众的宣传、组织、武装和建设政权等项目标，就是失去了打仗的意义，也就是失去了红军存在的意义。要"从教育上提高党内的政治水平"②，克服单纯的军事观点。他主张要使党员的思想和党内的生活政治化、科

① 《列宁全集》第 26 卷，人民出版社 1988 年版，第 327 页。

② 《毛泽东选集》第 1 卷，人民出版社 1991 年版，第 87 页。

学化，“教育党员用马克思列宁主义的方法去作政治形势的分析和阶级势力的估量，以代替主观主义的分析和估量”，“使党员注意社会经济的调查和研究，由此来决定斗争的策略和工作的方法”。[①]

毛泽东在《论持久战》中论述了战争与政治的关系，指出“战争是政治的继续”，战争就是政治，战争本身就是政治性质的行动，自古以来没有不带政治性的战争。抗日战争作为全民族的革命战争，其政治目的，就是“驱逐日本帝国主义、建立自由平等的新中国”[②]。这个政治目的反映了中华民族和中国人民的根本利益，是全国军民共同的奋斗目标。为了取得抗日战争的胜利，就必须在这个根本政治目的的旗帜下，坚持抗战和坚持统一战线的总方针，实行全国人民的动员，实行官兵一致、军民一致和瓦解敌军等政治原则，坚决执行统一战线政策，进行文化的动员，努力争取国际力量和敌国人民援助。战争一刻也离不了政治，如果轻视政治，把战争孤立起来，变为战争绝对主义者，是错误的，必须加以纠正。

战争又有其特殊性，不等于一般的政治，而是政治的特殊手段的继续。政治是不流血的战争，战争是流血的政治。在阶级社会中，各个国家、各个阶级、各个政治集团之间，为了实现各自的政治利益而进行斗争。当彼此之间的矛盾通过经济、外交等斗争形式不能解决，政治发展到一定的阶段再也不能照旧前进，就会爆发战争，用战争这种暴力的手段解决矛盾，以扫除政治道路上的障碍。日本要通过战争的手段灭亡中国，中国人民为了拯救民族危亡，则必须进行全民族的抗日战争，把日本帝国主义赶出中国。日本为了达到它的政治目的，要将侵略中国的战争继续下去，中国要消灭日本侵略者，也必须将抗日战争的持久战进行到底。由于战争的特殊性，就有一套不同

---

① 《毛泽东选集》第1卷，人民出版社1991年版，第92页。

② 《毛泽东选集》第2卷，人民出版社1991年版，第479页。

于一般政治斗争的特殊组织、特殊方法、特殊过程，这组织就是军队及其附随的一切东西，这方法就是指导战争的战略战术，这过程就是敌对的军队互相使用有利于己不利于敌的战略战术从事攻击或防御的一种特殊的社会活动形态。因而“一切参加战争的人们，必须脱出寻常习惯，而习惯于战争，方能争取战争的胜利。”①

战争是政治的继续，是为了实现政治目的而展开的。为了取得抗日战争的胜利，必须有强有力的抗日的政治动员。“如此伟大的民族革命战争，没有普遍和深入的政治动员，是不能胜利的。”“动员了全国的老百姓，就造成了陷敌于灭顶之灾的汪洋大海，造成了弥补武器等等缺陷的补救条件，造成了克服一切战争困难的前提”。② 要胜利，就要坚持抗战，坚持统一战线，坚持持久战。然而这一切都离不开动员老百姓。要胜利又忽视政治动员，叫作“南其辕而北其辙”，结果必然取消了胜利。实行广泛深入的抗日政治动员，首先，是把战争的政治目的告诉军队和人民。必须使每个士兵每个人民都明白为什么要打仗，打仗和他们有什么关系。必须把“驱逐日本帝国主义、建立自由平等的新中国”这个抗日战争的政治目的告诉一切军民人等，造成抗日的热潮，使几万万人齐心一致，贡献一切给战争。其次，还要说明达到此目的的步骤和政策，把《抗日救国十大纲领》、《抗战建国纲领》普及于军队和人民，并动员所有的军队和人民实行起来。再次，要通过靠口说、传单布告、报纸书册、戏剧电影、学校、民众团体、干部人员进行动员。最后，要经常进行抗日战争的政治动员，联系战争发展的情况，联系士兵和老百姓的生活，把战争的政治动员，变成经常的运动。

① 《毛泽东选集》第2卷，人民出版社1991年版，第480页。

② 《毛泽东选集》第2卷，人民出版社1991年版，第480页。

二、抗日战争的根本目的：保存自己，消灭敌人

抗日战争的政治目的，是“驱逐日本帝国主义、建立自由平等的新中国”。作为人类流血的政治的所谓战争，两军相杀的战争，它的根本目的，就是“保存自己，消灭敌人”。这是战争的基本原则，是战术的、战役的、战略的一切军事行动的本质、目的、根据。古代战争，用矛用盾：矛是进攻的，为了消灭敌人；盾是防御的，为了保存自己。直到今天的武器，还是这二者的继续。进攻，是消灭敌人的主要手段，但防御也是不能废的。进攻，是直接为了消灭敌人的，同时也是为了保存自己，因为如不消灭敌人，则自己将被消灭。防御，是直接为了保存自己的，但同时也是辅助进攻或准备转入进攻的一种手段。退却，属于防御一类，是防御的继续；而追击，则是进攻的继续。在“战争目的中，消灭敌人是主要的，保存自己是第二位的，因为只有大量地消灭敌人，才能有效地保存自己。因此，作为消灭敌人之主要手段的进攻是主要的，而作为消灭敌人之辅助手段和作为保存自己之一种手段的防御，是第二位的。战争实际中，虽有许多时候以防御为主，而在其余时候以进攻为主，然而通战争的全体来看，进攻仍然是主要的”。[①] 保存自己和勇敢牺牲也是相反相成的。战争是流血的政治，是要付出代价的，有时是极大的代价。部分的暂时的牺牲（不保存），是为了全体的永久的保存。

保存自己消灭敌人这个战争的目的，就是战争的本质，就是一切战争行动的根据，从技术行动起，到战略行动止，都是贯彻这个本质的。一切技术、战术、战役、战略原则，一切技术、战术、战役、战略行动，一点也离不开战争的目的，它普及于战争的全体，贯彻于战争的

① 《毛泽东选集》第2卷，人民出版社1991年版，第482页。

始终。在战争实践中,要从战争的全局出发,为了赢得战争的胜利,把进攻和防御、消灭敌人和保存自己有机结合起来。如果只讲进攻不讲防御,只讲消灭敌人不讲保存自己,就会导致冒险主义、拼命主义;如果只讲防御不讲进攻,只讲保存自己不讲消灭敌人,就会导致逃跑主义。"抗日战争的各级指导者,不能离开中日两国之间各种互相对立的基本因素去指导战争,也不能离开这个战争目的去指导战争。两国之间各种互相对立的基本因素展开于战争的行动中,就变成互相为了保存自己消灭敌人而斗争。我们的战争,在于力求每战争取不论大小的胜利,在于力求每战解除敌人一部分武装,损伤敌人一部分人马器物。把这些部分地消灭敌人的成绩积累起来,成为大的战略胜利,达到最后驱敌出国,保卫祖国,建设新中国的政治目的。"①

三、抗日战争的崇高目的:为争取世界永久和平而战

战争的政治目的决定战争的性质,决定战争的意义。毛泽东在《中国革命战争的战略问题》中指出,战争的目的在于消灭战争。历史上的战争只有正义的和非正义的两类,我们是拥护正义战争、反对非正义战争的。一切反革命战争都是非正义的,一切革命战争都是正义的。人类正义战争的旗帜是拯救人类的旗帜,中国正义战争的旗帜是拯救中国的旗帜。人类的大多数和中国人的大多数所举行的战争是正义的战争,是拯救人类拯救中国的至高无上荣誉的事业,是把全世界历史转到新时代的桥梁。人类社会进步到消灭了阶级、国家,什么战争也没有了,这就是人类的永久和平的时代。毛泽东在

① 《毛泽东选集》第2卷,人民出版社1991年版,第483页。

《论持久战》中将抗日战争放在社会进步和世界和平的宏大历史时空中来考量,指出了其消灭法西斯、实现永久和平的世界历史意义,将中国人民的抗日战争置于进步、正义的道义制高点,极大地鼓舞了抗战军民为民族独立、人民解放和人类永久和平而奋斗牺牲、争取胜利的信心。

毛泽东指出,中国抗日战争的持久性同争取中国和世界的永久和平是不能分离的,没有任何一个历史时期像今天一样战争是接近于永久和平的。由于阶级的出现,几千年来人类的生活中充满了战争,每一个民族都不知打了几多仗,或在民族集团之内打,或在民族集团之间打。打到资本主义社会的帝国主义时期,仗就打得特别广大和特别残酷。第一次帝国主义大战在过去历史上是空前的,但还不是绝后的战争。只有目前开始了的战争则接近于最后战争,接近于人类的永久和平。因为这次战争是在第一次世界大战所已开始的世界资本主义总危机发展的基础上发生的,由于这种总危机,逼使各资本主义国家走入新的战争,首先逼使各法西斯国家从事于新战争的冒险。我们可以预见这次战争的结果,将不是资本主义的获救,而是它的走向崩溃。这次战争,将比二十年前的战争更大、更残酷,一切民族将无可避免地卷入进去,战争时间将拖得很长,人类将遭受很大的痛苦。但是由于苏联的存在和世界人民觉悟程度的提高,这次战争中无疑将出现伟大的革命战争,用以反对一切反革命战争,而使这次战争带着为永久和平而战的性质。人类一经消灭了资本主义,便到达永久和平的时代,那时候便再也不要战争了。已经开始了的革命的战争,是这个为永久和平而战的战争的一部分。占着五万万以上人口的中日两国之间的战争,在这个战争中将占着重要的地位,中华民族的解放将从这个战争中得来。将来的被解放了的新中国,是和将来的被解放了的新世界不能分离的。因此,我们的抗日战争包含着为争取永久和平而战的性质。

毛泽东指出:“历史上的战争分为两类,一类是正义的,一类是非正义的。一切进步的战争都是正义的,一切阻碍进步的战争都是非正义的。”①日本的侵略战争是阻碍进步的非正义的战争,中国人民反侵略的民族革命战争是神圣的、正义的,是进步的、求和平的。不但求一国的和平,而且求世界的和平,不但求一时的和平,而且求永久的和平。抗日战争在整个世界反法西斯战争中居于极为重要的地位,具有争取中国和世界永久和平的重大意义,不仅是为了实现中华民族和中国人民的独立与解放,求得中国的和平;而且对于世界反法西斯战争的胜利,对于争取世界永久和平,也必将作出重大的贡献。“我们从事战争的信念,便建立在这个争取永久和平和永久光明的新中国和新世界的上面。”②“为了这个目的,人类大多数应该拿出极大的努力。四亿五千万的中国人占了全人类的四分之一,如果能够一齐努力,打倒了日本帝国主义,创造了自由平等的新中国,对于争取全世界永久和平的贡献,无疑地是非常伟大的。”③抗日战争这一对于中华民族和中国人民以及对于世界各国人民的意义,鼓舞全国军民高举正义、进步旗帜,勠力同心,牺牲奋斗,坚持到底,争取抗日战争胜利,迎来永久和平和永久光明的新世界。

---

① 《毛泽东选集》第2卷,人民出版社1991年版,第475—476页。
② 《毛泽东选集》第2卷,人民出版社1991年版,第476页。
③ 《毛泽东选集》第2卷,人民出版社1991年版,第476页。

第五章　辩证思维：精辟论述抗日战争的战略与战术

唯物辩证法是矛盾普遍性与特殊性的统一论。我们既要认识矛盾的普遍性，以发现事物运动发展的普遍原因和普遍根据，确立解决矛盾的一般原则；更要重视研究矛盾的特殊性，以发现事物运动发展的特殊原因与特殊根据，制定解决矛盾的具体方针，找到解决矛盾的适当办法。正如列宁所说："我们不否认一般的原则，但是我们要求对具体运用这些一般原则的条件进行具体的分析。"①抗日战争总的战略方针是持久战。毛泽东运用唯物辩证法，根据中日战争双方相互矛盾的特点以及力量对比的变化，科学预见战争的进程，进一步制定了为进行持久战并最终取得抗日战争胜利的防御中的进攻、持久中的速决、内线中的外线等具体的战略方针。这就是"在第一和第二阶段即敌之进攻和保守阶段中，应该是战略防御中的战役和战斗的进攻战，战略持久中的战役和战斗的速决战，战略内线中的战役和战斗的外线作战。在第三阶段中，应该是战略的反攻战。"②这些具体的战略方针深刻阐明了防御和进攻，持久和速决，内线和外线，运

① 《列宁全集》第12卷，人民出版社1987年版，第273页。

② 《毛泽东选集》第2卷，人民出版社1991年版，第484页。

动战、游击战、阵地战以及消耗战和歼灭战的辩证关系，为取得抗日战争胜利，实现抗日战争的政治目的、根本目的和崇高目的指明了道路。

一、“内线的持久的防御战”与“外线的速决的进攻战”的关系

毛泽东在《中国革命战争的战略问题》一文中指出：“军事的规律，和其他事物的规律一样，是客观实际在我们头脑中的反映，除了我们的头脑以外，一切都是客观实际的东西。因此，学习和认识的对象，包括敌我两方面，这两方面都应该看成研究的对象，只有我们的头脑（思想）才是研究的主体。有一种人，明于知己，暗于知彼，又有一种人，明于知彼，暗于知己，他们都是不能解决战争规律的学习和使用的问题的。中国古代大军事学家孙武子书上‘知彼知己，百战不殆’这句话，是包括学习和使用两个阶段而说的，包括从认识客观实际中的发展规律，并按照这些规律去决定自己行动克服当前敌人而说的；我们不要看轻这句话。”①毛泽东指出，处于战略上内线作战的军队，特别是处于被“围剿”环境的红军，蒙受着许多的不利，但我们可以而且完全应该在战役或战斗上把它改变过来，将敌军对我军的一个大“围剿”，改为我军对敌军的许多各别的小围剿。将敌军对我军的战略上的分进合击，改为我军对敌军的战役或战斗上的分进合击。将敌军对我军的战略上的优势，改为我军对敌军的战役或战斗上的优势。将战略上处于强者地位的敌军，使之在战役或战斗上处于弱者的地位。同时，将自己战略上的弱者地位，使之改变为战役上或战斗上的强者的地位。这就是所谓内线作战中的外线作战，

① 《毛泽东选集》第1卷，人民出版社1991年版，第181—182页。

“围剿”中的围剿,封锁中的封锁,防御中的进攻,劣势中的优势,弱者中的强者,不利中的有利,被动中的主动。在战略防御阶段中实现由战略上的不利地位到战役战斗上的有利地位的转变并争取胜利,基本上靠集中兵力这一着。唯物辩证法主张在研究众多矛盾时,要研究各种矛盾的特点及其相互联结;在研究一个具体矛盾时,要研究矛盾双方的特点及其相互联结,根据各种矛盾、各个矛盾方面的特点及其力量对比和变化,有针对性地找出解决矛盾的具体办法。抗日战争中“防御中的进攻、持久中的速决、内线中的外线”等具体的战略方针,就是根据敌强我弱、敌小我大的特点制定和实施的。它既是对于第二次国内革命战争经验的总结,又是在抗日战争时期根据新的形势和敌我双方特点的运用和发展。

在防御和进攻问题上,毛泽东指出,由于日本是帝国主义强国,我们是半殖民地半封建弱国,日本采取战略进攻方针,我则居于战略防御地位。这是一种对我不利的态势。但我采取积极防御的方针,无论是正规战,还是游击战,都将战略上的防御和战役、战斗的进攻紧密结合起来,不作死守阵地的消极的防御战,利用敌人兵力不足的弱点,充分利用我地大、人多、兵多的长处,在总的战略防御中实行战役和战斗的进攻战,不断向敌人展开进攻,在战略防御的不利态势下争取战役、战斗的有利态势。

在内线和外线问题上,毛泽东指出,由于敌强我弱,日本采取战略进攻,形成了大范围的外线作战,我们则处于内线作战地位。然而,日本虽强,但兵力不足;中国虽弱,但地大、人多、兵多。这就产生了两个重要的结果,一是敌以少兵临大国,就只能占领一部分大城市、大道和某些平地。因而在其占领区域就空出了广大地面无法占领,这就给了中国游击战争以广大活动的地盘,给了中国以进行持久战和争取最后胜利的总后方和中枢根据地。二是敌以少兵临多兵,便处于多兵的包围中。敌分路向我进攻,敌处战略外线,我处战略内线，敌是战略进攻，我是战略防御，看起来我是很不利的。但我可以利用地广和兵多两个长处，不作死守的阵地战，采用灵活的运动战，从战场的外线，突然包围其一路而攻击之。于是敌之战略作战上的外线和进攻，在战役和战斗的作战上就不得不变成内线和防御。我之战略作战上的内线和防御，在战役和战斗的作战上就变成了外线和进攻。“抗日战争是整个处于内线作战的地位的；但是主力军和游击队的关系，则是主力军在内线，游击队在外线，形成夹攻敌人的奇观。”①

在持久和速决问题上，毛泽东指出，日本凭借其较强的军力、经济力和政治组织力，企图采取战略的速决战。我国是弱国，不能很快战胜敌人，因而应自觉地在战略上采取持久战的方针。但在战役和战斗上，我不但应以多兵打少兵、从外线打内线，还必须在战役、战斗上采取速决战的方针。为了实行速决，一般应不打驻止中之敌，而打运动中之敌。我预将大兵荫蔽集结于敌必经通路之侧，乘敌运动之际，突然前进，包围而攻击之，打他一个措手不及，使敌人的技术装备不能充分施展，也不能等待救援，从而迅速解决战斗。这样，我之战略的持久战，到战场作战就变成速决战了。敌人的战略的速决战，经过许多战役和战斗的败仗，就不得不改为持久战。②

在战略上实行“内线的持久的防御战”，与在战役战斗上实行“外线的速决的进攻战”，是相反相成的。战役战斗上“外线的速决的进攻战”，其中心点是进攻，是实现战略上“内线的持久的防御战”的必要方针，是战略上的防御和战役战斗上的进攻的辩证统一。我们只有坚持战役战斗上“外线的速决的进攻战”的方针，集中优势兵力，各个消灭敌人，挫其锐气，积小胜为大胜，才能实现战略上“内线

① 《毛泽东选集》第 2 卷，人民出版社 1991 年版，第 471 页。

② 参见《毛泽东选集》第 2 卷，人民出版社 1991 年版，第 485—486 页。

的持久的防御战”的方针。如果战役和战斗方针也同样是“内线的持久的防御战”，例如抗战初期之所为，那就完全不适合敌小我大、敌强我弱这两种情况，那就决然达不到战略目的，达不到总的持久战，而将为敌人所击败。“外线的速决的进攻战”的方针，不但是正规战争用得着，游击战争也用得着，而且必须要用它。不但适用于战争的某一阶段，而且适用于战争的全过程。而到了战略反攻阶段，我之技术条件增强，以弱敌强的情况根本改变，我仍用多兵从外线采取速决的进攻战，就更能收大批俘获的成效。“几个大汉打一个大汉之容易打胜，这是常识中包含的真理”。①

只有坚决采取“外线的速决的进攻战”，才能在战场上逐渐改变敌我之间的强弱优劣形势，并逐渐改变敌我总的形势，为战略反攻创造条件。在战场上，因为我是进攻，敌是防御；我是多兵处外线，敌是少兵处内线；我是速决，敌虽企图持久待援，但不能由他作主；于是在敌人方面，强者就变成了弱者，优势就变成了劣势；我军方面反之，弱者变成了强者，劣势变成了优势。在打了许多这样的胜仗之后，总的敌我形势便将引起变化。我们在集合了许多战场作战的“外线的速决的进攻战”的胜利以后，就逐渐地增强了自己，削弱了敌人，使总的强弱优劣形势发生变化。再配合着我们自己的其他条件、敌人内部的变动以及国际上的有利形势，就能使敌我总的形势走到平衡，再由平衡走到我优敌劣。那时，我们实行反攻驱敌出国的时机就到来了。“战争是力量的竞赛，但力量在战争过程中变化其原来的形态。在这里，主观的努力，多打胜仗，少犯错误，是决定的因素。客观因素具备着这种变化的可能性，但实现这种可能性，就需要正确的方针和主观的努力。这时候，主观作用是决定的了。”②

---

① 《毛泽东选集》第 2 卷，人民出版社 1991 年版，第 486 页。

② 《毛泽东选集》第 2 卷，人民出版社 1991 年版，第 487 页。

二、运动战、游击战、阵地战的关系

毛泽东指出:“作为战争内容的战略内线、战略持久、战略防御中的战役和战斗上的外线的速决的进攻战,在战争形式上就表现为运动战。”①所谓运动战,就是正规兵团在长的战线和大的战区上面,从事战役和战斗上的“外线的速决的进攻战”的形式。同时,运动战也包括为了便利于执行这种进攻战而在某些必要时机执行着的所谓“运动性的防御”以及起辅助作用的阵地攻击和阵地防御。运动战的特点是正规兵团、战役和战斗的优势兵力以及进攻性和流动性。

运动战是战略内线、战略持久、战略防御中的战役和战斗上的外线的速决的主要作战形式,是改变敌我总的力量对比、转换战争全局的作战形式。由于我国地域广大、兵员众多,但军队的技术和教养不足;敌人则兵力不足,但技术和教养比较优良。在这种情况下,必须扬长避短,以进攻的运动战为主要作战形式,而以其他形式辅助之,组成整个的运动战。运动战的特点之一是其流动性,不但许可而且要求野战军的大踏步地前进和后退。这种流动性,这种大踏步地前进和后退,都是为了实现进攻服务的。“战争的基本要求是:消灭敌人;其另一要求是:保存自己。保存自己的目的,在于消灭敌人;而消灭敌人,又是保存自己的最有效的手段。”②毛泽东将运动战形象地表述为“打得赢就打,打不赢就走”,走是为了打,走是手段,打是目的,打是一切战略战术方针的基本的立足点。无论是打,还是走,都要服从战争全局的需要,都要按照统一的战争意图行动。既要反对所谓“有退无进”的逃跑主义,同时也要反对所谓“有进无退”的拼命

① 《毛泽东选集》第2卷,人民出版社1991年版,第497页。
② 《毛泽东选集》第2卷,人民出版社1991年版,第498页。

主义。运动战决不是只有向后的运动,没有向前的运动;这样的“运动”,否定了运动战的基本的进攻性,实行的结果,中国虽大,也是要被“运动”掉的。运动战也不是有进无退的拼命主义。“我们主张以战役和战斗上的外线的速决的进攻战为内容的运动战,其中包括了辅助作用的阵地战,又包括了‘运动性的防御’和退却,没有这些,运动战便不能充分地执行。拚命主义是军事上的近视眼,其根源常是惧怕丧失土地。拚命主义者不知道运动战的特点之一是其流动性,不但许可而且要求野战军的大踏步的进退。积极方面,是为了陷敌于不利而利于我之作战,常常要求敌人在运动中,并要求有利于我之许多条件,例如有利的地形、好打的敌情、能封锁消息的居民、敌人的疲劳和不意等。这就要求敌人的前进,虽暂时地丧失部分土地而不惜。因为暂时地部分地丧失土地,是全部地永久地保存土地和恢复土地的代价。消极方面,凡被迫处于不利地位,根本上危及军力的保存时,应该勇敢地退却,以便保存军力,在新的时机中再行打击敌人。拚命主义者不知此理,明明已处于确定了的不利情况,还要争一城一地的得失,结果不但城和地俱失,军力也不能保存。我们历来主张‘诱敌深入’,就是因为这是战略防御中弱军对强军作战的最有效的军事政策。”①

游击战的战略作用是辅助正规作战并把自己变为正规战。在抗日战争进程中,主要是运动战,其次是游击战。在整个战争进程中,运动战是主要的,游击战是辅助的,因为解决战争的命运,主要是依靠正规战,尤其是其中的运动战,游击战不能担负这种解决战争命运的主要的责任。但“游击战在整个抗日战争中的战略地位,仅仅次于运动战,因为没有游击战的辅助,也就不能战胜敌人。”②游击战的

① 《毛泽东选集》第2卷,人民出版社1991年版,第498页。
② 《毛泽东选集》第2卷,人民出版社1991年版,第499页。

战略作用，一方面，辅助正规战；另一方面，把自己也变为正规战。在长期的残酷的战争中，游击战不停止于原来地位，它将把自己提高到运动战。从中国抗日战争空前广大和空前持久的意义说来，游击战的战略地位更加不能轻视，其本身不只有战术问题，还有它的特殊的战略问题。抗日战争三个战略阶段的作战形式，第一阶段，运动战是主要的，游击战和阵地战是辅助的。第二阶段，则游击战将升到主要地位，而以运动战和阵地战辅助之。第三阶段，运动战再升为主要形式，而辅之以阵地战和游击战。但这个第三阶段的运动战，已不全是由原来的正规军负担，而将由原来的游击军从游击战提高到运动战去担负其一部分，也许是相当重要的一部分。从三个阶段来看，中国抗日战争中的游击战，决不是可有可无的。游击战争将表现其很大的威力，在人类战争史上演出空前伟大的一幕。并且正规军分散作游击战，集合起来又可作运动战。八路军的方针就是“基本的是游击战，但不放松有利条件下的运动战”。

由于敌强我弱，敌人又利用中国土地广大，回避我们的阵地设施，因而防御的和攻击的阵地战一般都不能执行。阵地战就不能用为重要手段，更不待说用为主要手段。但在战争的第一和第二阶段中，包括于运动战范围，而在战役作战上起其辅助作用的局部的阵地战，是可能的和必要的。为了节节抵抗以求消耗敌人和争取余裕时间，而采取半阵地性的所谓“运动性的防御”，更是属于运动战的必要部分。中国须努力增加新式武器，以使在战略反攻阶段中能够充分地执行阵地攻击的任务。战略反攻阶段，无疑地将提高阵地战的地位，因为那时敌人将坚守阵地，没有我之有力的阵地攻击以配合运动战，将不能达到收复失地之目的。虽然如此，在第三阶段中，我们仍需力争以运动战为战争的主要形式。中国技术条件在这一阶段虽已增进，但仍不见得能够超过敌人，非努力讲求高度的运动战，不能达到最后胜利之目的。这样，整个抗日战争中，中国将不会以阵地战为主要形式,主要和重要的形式是运动战和游击战。在这些战争形式中,战争的领导艺术和人的活跃性能够得到充分发挥的机会。

三、消耗战和歼灭战的关系

战争的目的是保存自己、消灭敌人,达此目的的战争形式有运动战、游击战、阵地战。按照实现时的效果之程度的不同,又有消耗战和歼灭战之别。

抗日战争是消耗战,同时又是歼灭战。敌之强的因素尚在发挥,战略上的优势和主动依然存在,没有战役和战斗的歼灭战,就不能有效地迅速地减杀其强的因素,破坏其优势和主动。我之弱的因素也依然存在,战略上的劣势和被动还未脱离,为了争取时间,加强国内国际条件,改变自己的不利状态,没有战役和战斗的歼灭战,也不能成功。要转变敌强我弱的优劣形势,在战略上就要不断消耗敌人,在战役和战斗上则要不断歼灭敌人,战略的消耗战是通过战役和战斗的歼灭战实现的,"战役的歼灭战是达到战略的消耗战之目的的手段"。从这个意义上说,"歼灭战就是消耗战。中国之能够进行持久战,用歼灭达到消耗是主要的手段"。[①] 为了达到战略消耗的目的,除了战役和战斗的歼灭战,还有战役和战斗的消耗战。一般说来,运动战是执行歼灭任务的,阵地战是执行消耗任务的,游击战是执行消耗任务同时又执行歼灭任务的,三者互有区别。在这点上说,歼灭战不同于消耗战。战役的消耗战,是辅助的,但也是持久作战所需要的。

根据敌强我弱的特点,我们在技术和兵员教养的程度上不及敌人,抗日战争的正确要求应该是尽可能的歼灭战。外线的速决的进

① 《毛泽东选集》第2卷,人民出版社1991年版,第501页。

攻战的所谓外线、速决、进攻，以及运动战之所谓运动，在战斗形式上主要就是采用包围和迂回战术，因而便须集中优势兵力。集中兵力，采用包围迂回战术，是实施运动战即外线的速决的进攻战之必要条件，都是为了实现歼灭敌人的目的。每战要集中优势兵力，采取包围迂回战术，不能包围其全部也包围其一部，不能俘获所包围之全部也俘获所包围之一部，不能俘获所包围之一部也大量杀伤所包围之一部。主力军在一切有利场合努力执行歼灭战，游击队除执行消耗任务外，也应提倡并努力实行在战役和战斗的一切有利场合的歼灭性的作战，以实现既大量歼灭敌人又能大量补充自己的目的。而在一切不利于执行歼灭战的场合，则执行消耗战。只有尽可能地实行歼灭战，才能不断消耗敌人和壮大自己，转化敌强我弱的优劣形势，实现最终战胜敌人的目的。

在抗日战争进程的不同阶段，要根据敌我力量对比的变化，采取不同的战争形式。毛泽东指出："从理论上和需要上说来，中国在防御阶段中，应该利用运动战之主要的歼灭性，游击战之部分的歼灭性，加上辅助性质的阵地战之主要的消耗性和游击战之部分的消耗性，用以达到大量消耗敌人的战略目的。在相持阶段中，继续利用游击战和运动战的歼灭性和消耗性，再行大量地消耗敌人。所有这些，都是为了使战局持久，逐渐地转变敌我形势，准备反攻的条件。战略反攻时，继续用歼灭达到消耗，以便最后地驱逐敌人。"①但在已进行的 10 个月的抗日战争中，许多甚至多数的运动战战役打成了消耗战；游击战之应有的歼灭作用在某些地区也还没有提到应有的程度。这种情况的好处是消耗了敌人，对于持久作战和最后胜利有其意义；缺点是消耗敌人不足，我们自己消耗较多、缴获较少。抗日战争的正确要求应该是尽可能的歼灭战，而在一切不利于执行歼灭战的场合

① 《毛泽东选集》第 2 卷，人民出版社 1991 年版，第 502 页。

则执行消耗战。"对于前者,用集中兵力的原则;对于后者,用分散兵力的原则。在战役的指挥关系上,对于前者,用集中指挥的原则;对于后者,用分散指挥的原则。这些,就是抗日战争战场作战的基本方针。"①

在抗日战争中的决战问题上,毛泽东指出:"一切有把握的战役和战斗应坚决地进行决战,一切无把握的战役和战斗应避免决战,赌国家命运的战略决战应根本避免。"②战役和战斗决战解决战争的局部胜负问题,战略决战则解决战争全局胜负问题,抗日战争中的战略决战,关系到国家命运和民族存亡。在抗日战争中,我们要执行有利的战略决战,避免不利的战略决战。在抗日战争第一和第二阶段,敌强我弱,日本帝国主义依仗军事优势,要求在于我集中主力与之决战,企图达到速决的战略目的。由于我处于劣势地位,则要求采取相反的方针,即选择有利条件,集中优势兵力,与敌人作有把握的战役和战斗上的决战,避免在不利条件下的无把握的决战,拼国家命运的战略的决战则根本不干。这就破坏了日本帝国主义的"速决"计划,不得不跟了我们干持久战。由于我们是大国,又处于进步时代,如果在敌强我弱总的优劣形势下与敌人作有把握的战役和战斗上的决战,避免在不利条件下的无把握的决战,"留得青山在,不愁没柴烧",虽然丧失若干土地,还有广大的回旋余地,可以促进并等候国内的进步、国际的增援和敌人的内溃,这是抗日战争的上策。不决战就须放弃土地,在无可避免的情况下只好勇敢地放弃,这是以土地换时间的正确的政策。根本不战,与敌妥协,这是不抵抗主义,必须坚决反对。坚决抗战,但为避开敌人毒计,不使我军主力丧于敌人一击之下,影响到抗战的继续,一句话,避免亡国,则是完全必需的。

---

① 《毛泽东选集》第 2 卷,人民出版社 1991 年版,第 504 页。

② 《毛泽东选集》第 2 卷,人民出版社 1991 年版,第 506 页。

我们主张一切有利条件下的决战，只有这种决战才能达到目的，每个抗日军人均须坚决地去做。为此目的，部分的相当大量的牺牲是必要的。战争中提倡勇敢牺牲英勇向前的精神和动作，是在正确的作战计划下绝对必要的东西，是同持久战和最后胜利不能分离的。任何事物都是在曲折中前进的，直线前进、径情直遂，只是主观主义和形式主义的幻想，在实际生活里是不存在的。为争取时间和准备反攻而流血战斗，某些土地虽仍不免于放弃，时间却争取了，给敌以歼灭和给敌以消耗的目的却达到了，自己的战斗经验却取得了，没有起来的人民却起来了，国际地位却增长了。放弃土地是为了保存军力，也正是为了保存土地；因为如不在不利条件下放弃部分的土地，盲目地举行绝无把握的决战，结果丧失军力之后，必随之以丧失全部的土地，更说不到什么恢复失地了。“事物是往返曲折的，不是径情直遂的，战争也是一样，只有形式主义者想不通这个道理。”①即使在战略反攻阶段，虽然敌处劣势，我处优势，也仍然适用“执行有利决战，避免不利决战”的原则。“抗日将军们要有这样的坚定性，才算是勇敢而明智的将军。”“第一阶段我处于某种程度的战略被动，然在一切战役上也应是主动的，尔后任何阶段都应是主动。我们是持久论和最后胜利论者，不是赌汉们那样的孤注一掷论者。”②

---

① 《毛泽东选集》第2卷，人民出版社1991年版，第509页。
② 《毛泽东选集》第2卷，人民出版社1991年版，第509页。

第六章　主体思维：着力高扬抗日战争中的自觉能动精神

毛泽东运用主体性思维研究抗日战争，认为抗日战争是反对日本侵略者、争取民族独立和解放的全民族的战争，是全国各党派、军队、人民的全面的抗战，而不是只由国民党政府及其军队所进行的片面抗战；在抗日战争中，既要坚持统一战线的方针与政策，同时又必须保持中国共产党及其领导的军队在统一战线中的独立自主。在抗日战争中，要高扬人的主体能动性，主动地、灵活地、有计划地谋划和领导战争，动员全国军民，经过艰苦的努力，争取战争的胜利。

一、自觉的能动性对于争取战争胜利具有重要作用

毛泽东在《论持久战》中充分论述了抗日战争为什么是持久战和为什么最后胜利是中国的，说明了“是什么”和“不是什么”的问题，接着论述了怎样进行持久战和怎样争取最后胜利，说明了“怎样做”和“不怎样做”的问题。从哲学层面论述能动性在战争中的作用以及如何发挥人的能动性，则是解决“怎样做”问题的前提和关键。

1. 自觉的能动性是人类区别于物的特点。人是自然界长期发展

的产物，是劳动的产物，是社会历史的产物。人类来自自然界又高于自然界。在自然界中，完全是一些盲目的力量在起着作用。即使动物的活动，也是无目的无意识的，只是依靠本能被动地适应自然，从自然中获取生存资料。人类作为有目的有意识的具有能动性和创造性的存在物，能够在实践中认识事物的本质和规律，按照对于客观规律、客观条件的认识以及自身需要的体察和把握，确立为之趋赴的目的，进行合目的性与合规律性相统一的创造性的实践活动，改造客观世界，以满足自己生存发展的需要。马克思曾经说过："蜘蛛的活动与织工的活动相似，蜜蜂建筑蜂房的本领使人间的许多建筑师感到惭愧。但是，最蹩脚的建筑师从一开始就比最灵巧的蜜蜂高明的地方，是他在用蜂蜡建筑蜂房以前，已经在自己的头脑中把它建成了。劳动过程结束时得到的结果，在这个过程开始时就已经在劳动者的表象中存在着，即已经观念地存在着。他不仅使自然物发生形式变化，同时他还在自然物中实现自己的目的，这个目的是他所知道的，是作为规律决定着他的活动的方式和方法的，他必须使他的意志服从这个目的。"①人的自觉的能动性，表现在能动地认识世界和能动地改造世界两个方面，既要如实地反映客观世界，又要根据对于客观世界的真理性认识而能动地改造世界。毛泽东在《论持久战》中说："我们反对主观地看问题，说的是一个人的思想，不根据和不符合于客观事实，是空想，是假道理，如果照了做去，就要失败，故须反对它。但是一切事情是要人做的，持久战和最后胜利没有人做就不会出现。做就必须先有人根据客观事实，引出思想、道理、意见，提出计划、方针、政策、战略、战术，方能做得好。思想等等是主观的东西，做或行动是主观见之于客观的东西，都是人类特殊的能动性。这种能动性，我们名之曰'自觉的能动性'，是人之所以区别于物的特点。一切根

① 《马克思恩格斯全集》第23卷，人民出版社1972年版，第202页。

据和符合于客观事实的思想是正确的思想,一切根据于正确思想的做或行动是正确的行动。我们必须发扬这样的思想和行动,必须发扬这种自觉的能动性。”①能动地认识世界,是说人的认识不是消极被动的,而是在实践的基础上不但要获得感性认识,认识事物的现象、片面和外部联系;还必须经过思考作用,将丰富的感觉材料加以去粗取精、去伪存真、由此及彼、由表及里的改造制作工夫,由感性认识而能动地发展到理性认识,获得对于事物的本质、全体和内部联系的认识,以系统的、理论的形态把握事物的本质和规律。能动地改造世界,就是在对于客观事物的本质、规律、内部联系认识的理论的指导下,制定正确的路线、方针、政策、战略、战术、措施、办法,进行创造性的实践,达到预想目的,并在新的实践中检验原有认识的正确性,形成新的经验,丰富和发展原有的认识。作为人的自觉的能动性之内容与表现的思想和行动、认识和实践是有正确与错误之分的。只有符合客观事实的思想,才是正确的思想;只有根据正确思想的实践,才是正确的实践。只有在正确思想指导下进行正确的实践,才是我们所需要发扬的正确的自觉的能动性。

为了发扬正确的自觉的能动性,就要正确处理主观与客观的关系。马克思主义哲学肯定世界的物质性、客观性、规律性、可知性。我们要做好工作,就要尊重客观实际,尊重客观规律;就要从客观实际出发,一切以时间、地点和条件为转移;就要按照客观世界的本来面貌认识世界,根据客观规律和人民利益,确定既合规律又合目的的实践目标,制定切实可行的方针、政策、计划、方案,卓有成效地改造世界。

能否坚持一切从实际出发,按照实际情况决定工作方针,关系到事业的兴衰成败。在第一次国内革命战争和土地革命战争期间,中

---

① 《毛泽东选集》第 2 卷,人民出版社 1991 年版,第 477 页。

国共产党内的主观主义者特别是教条主义者，不是从具体的现实出发，而是从空虚的理论命题出发；不注意具体事物的特点，而把主观想象的东西当作特点；不是运用马克思主义的观点研究和解决实际问题，而是脱离中国实际和中国革命实践，空谈理论的重要性，机械地照抄照搬马克思主义的词句，也就是主观与客观相分裂，理论和实践相脱离。这种主观主义的思想路线集中表现为"两个凡是"，即"凡是马恩列斯的话必须遵守，凡是共产国际的指示必须执行"，也就是唯书、唯上，不唯实。他们把马克思主义教条化，把苏联经验神圣化，把共产国际的指示绝对化，机械套用马克思主义的词句，照抄照搬别国革命的经验，盲目执行共产国际的指示，在中国革命的一系列问题上犯了根本性的错误。在革命性质问题上，混淆民主革命和社会主义革命，企图毕其功于一役，在民主革命时期完成社会主义革命的任务；在革命道路问题上，照搬俄国革命的经验，主张城市中心论；在军事战略问题上，不顾敌强我弱的实际，照搬外国军事条令，搞进攻中的冒险主义、防御中的保守主义和退却中的逃跑主义。在组织问题上，进行所谓反右倾的宗派主义斗争，搞残酷斗争、无情打击。结果使党和革命事业遭受了严重挫折，使蓬勃兴起的土地革命运动最终归于失败。

毛泽东说，"一切大的政治错误没有不是离开辩证唯物论的"①。"左"的错误和右的错误虽然表现不同，但两极相通，二者都是主观主义的，都是主观与客观相分裂，理论与实践相脱离的。主观主义的思想路线、思想方法，是一切"左"的和右的错误的总根源。为了防止"左"的和右的错误，实现马克思主义基本原理与中国实际相结合，就必须从世界观方法论的高度解决问题，坚持一切从实际出发，反对主观主义，按照国情、世情、党情、民情考虑问题，制定政策。

---

① 《毛泽东哲学批注集》，中央文献出版社 1988 年版，第 311—312 页。

唯心主义是主观主义在哲学上的理论形态,主观主义是唯心主义在实际工作中的表现。主观主义有各种各样的表现形式:一是唯书唯上,搞教条主义,机械照搬本本条条,盲目执行上级指示,没有勇气和胆量独立思考、自我担当。二是不思进取,因循守旧,故步自封,墨守成规,敷衍了事,得过且过,不认真学习理论,不用心汲取新知识,不深入思考新问题,没有能力适应新形势,研究新问题,开创新思路,创造性地开展工作。三是主观臆断,自以为是,作风飘浮,工作不实,不愿对于周围环境作艰苦细致、系统周密的调查研究,对实际情况不求甚解,单凭主观感觉去工作,或者以会议落实会议,以文件落实文件,满足于一般号召,身子扑不下,工作做不实。四是搞唯意志论,脱离客观实际,违背客观规律,无视客观条件,把理想当现实,好大喜功,急功近利,提出不切实际的高指标,追求无法实现的幻景,搞违背科学的瞎指挥。五是脱离客观实际,脱离现实实践,抽象地、空洞地、无目的地学习理论,热衷于语言游戏,沉湎于表面文章,夸夸其谈,哗众取宠,正如“墙上芦苇,头重脚轻根底浅;山间竹笋,嘴尖皮厚腹中空”,言行不一,知行分离,不接地气,不重落实。六是心态浮躁、追名逐利,一事当前,总是算计个人得失,习惯于做表面文章。七是弄虚作假、欺上瞒下,报喜不报忧,掩盖矛盾和问题,蒙蔽群众,欺骗上级。八是官僚主义严重,不了解群众所思所想,漠视群众利益和诉求,尸位素餐,无所作为。在延安时期,毛泽东曾形象地把官僚主义者比喻为泥塑的神像:一声不响,二目无光,三餐不食,四肢无力,五官不正,六亲无靠,七窍不通,八面威风,九坐不动,十分无用。新中国成立以后,毛泽东又历数官僚主义的20种表现,批判脱离实际、脱离群众、强迫命令、颐指气使、弄虚作假、不负责任、颟顸无能、形式主义、自私自利、争名夺利等各个方面的官僚主义。主观主义还有一种重要表现,就是经验主义。经验主义把一时一地的局部经验当作管全局、管根本、管长远的真理,不懂得理论的普遍指导意义,不注意学习和运用科学的理论,满足于一孔之见和一得之功,也无法推进事业的发展。

为了发扬正确的自觉的能动性,就要使主观与客观相符合,主观能动性与客观规律性相统一。一方面,我们要充分发挥主观能动性,积极认识客观规律,勇于进行实践。若没有这种能动性,不思进取,无所作为,不求有功,但求无过,认为这也不可能,那也做不到,本来经过主观努力能够做到的事也不去做,本来可以争取的胜利也不去争取,就会坐失良机,空余悲叹。另一方面,我们要发扬符合客观规律和客观条件的主观能动性,把良好愿望与客观条件、高昂热情和求实精神结合起来。如果夸大主观能动性的作用,无视客观规律,脱离客观实际,单凭主观想象、热情、意志、愿望办事,超越客观条件和可能,勉强去做根本不可能做到的事,或把将来才能做到的事勉强拿到现在来做,就会犯唯意志论和急于求成的错误。

为了发扬正确的自觉的能动性,就要正确处理理论与实际的关系。一是精通理论,掌握方法。要根据实践的需要系统学习马克思主义的基本理论,掌握分析和解决问题的基本立场、观点和方法。二是调查研究,熟悉实际。调查研究是了解实际情况、进行科学决策、实现理论与实际相结合的关键环节。毛泽东说:"一切实际工作者必须向下作调查。对于只懂得理论不懂得实际情况的人,这种调查工作尤有必要,否则他们就不能将理论和实际相联系。"①三是创造新理论,指导新实践。只有善于应用马克思哲学的立场、观点和方法研究实际,作出合乎实践需要的理论性的创造,才叫作理论和实际相联系。在理论与实际的关系问题上,既要反对死记硬背、保守僵化、照抄照搬的教条主义,反对迷信盲从、不敢独立思考的奴性思想;又要反对夸大感性经验、拒斥正确理论指导的狭隘经验主义。

---

① 《毛泽东选集》第3卷,人民出版社1991年版,第791页。

为了发扬正确的自觉的能动性，就要正确处理真理和价值的关系。一方面，要认识客观条件、客观实际、客观规律之“是”；另一方面，又要认识主体利益、愿望、要求之“是”。我们的思想和行动既要合规律，又要合目的；既要符合客观实际，又要符合人民利益。不能脱离客观实际、违背客观规律而任意妄为；不能离开人民群众的需要和利益考虑问题、制定政策，不能违背和损害人民利益而去追求虚假的政绩。

为了发扬正确的自觉的能动性，就要正确处理经验与理论的关系。列宁在《唯物主义和经验批判主义》一书中指出，有两条根本对立的认识路线：一条是从物到感觉和思想的唯物主义认识路线，这条认识路线承认世界的物质性和客观实在性，承认人的思想、意识、观念是人的头脑对于客观物质世界的反映；另一条是从思想和感觉到物的唯心主义认识路线，这条认识路线否认世界的物质性和客观实在性，或者认为思想、意识、观念在自然界和人类产生以前就存在着，或者认为人的思想、意识、观念是人的头脑主观自生的。

马克思主义以前的唯物论，尽管坚持了从物到感觉和思想的唯物主义反映论的正确哲学立场，但“离开人的社会性，离开人的历史发展，去观察认识问题，因此不能了解认识对社会实践的依赖关系”①。不能正确解决认识何以产生和如何发展的问题。马克思主义不但坚持从物到感觉和思想的反映论立场，而且将实践引入认识论，认为实践是认识的源泉、动力、目的和标准，人的认识不是消极被动的，而是以实践为基础的能动的辩证发展过程。马克思主义哲学所说的思维与存在的同一性，是以实践为基础的主观与客观、思维与存在、理论与实践具体的历史的统一。从存在到思维以及从思维到存在的转化，是一个在实践基础上由感性认识到理性认识、再从理性

① 《毛泽东选集》第1卷，人民出版社1991年版，第282页。

认识到新的实践的辩证发展过程。列宁说:“从生动的直观到抽象的思维,并从抽象的思维到实践,这就是认识真理、认识客观实在的辩证途径。”①毛泽东继承和发展了列宁的思想,将认识的辩证发展过程概括为“两个飞跃”。人的思想认识不是先天就有的,不是像肝脏分泌胆汁那样从头脑中直接产生,不是像照镜子那样消极被动地直观现实;也不是无需任何条件将思维直接变成存在,将思想直接变为现实。马克思主义哲学的认识论作为以实践为基础的能动的反映论,坚持了唯物而辩证的反映论,反对了机械的反映论和唯心主义的先验论。

以实践为基础的认识过程的第一个飞跃,是从感性认识而能动地发展到理性认识,认识本质,通观全体,发现内部联系,把握客观规律。感性认识和理性认识是辩证统一的。理性认识以感性认识为前提,感性认识以理性认识为归结;感性认识中有理性认识的萌芽、元素,渗透着理性认识;理性认识涵纳着感性认识,是感性认识的整合、提升与深化。一方面,理性认识依赖于感性认识。理性认识之所以可靠,正是由于它来源于感性,一切真知都是从直接经验发源的。坚持这一观点,就坚持了认识论问题上的唯物论。另一方面,感性认识有待于发展到理性认识。人的认识只有从感性上升到理性,才能把握事物的内部联系和规律性。承认感性认识有待于发展到理性认识,就坚持了认识论问题上的辩证法。

以实践为基础的认识过程的第二个飞跃,是从理性认识而能动地指导新的实践。认识从实践始,经过实践得到理论的认识,仍须再回到实践中去。只有经过这次飞跃,才能检验认识是否具有真理性,才能在总结新的实践经验的基础上使认识得到补充、完善、丰富和发展,才能达到认识的目的。而要实现第二个飞跃,达到改造世界的目

① 《列宁全集》第55卷,人民出版社1990年版,第142页。

的,还必须把思想、理论转化为路线、方针、政策、计划、方案、办法,并抓好贯彻落实。

一般来说,如果人们在实践中实现了从感性认识到理性认识的飞跃,形成反映客观实际、客观过程、客观规律的思想理论,制定了计划、方案,应用于新的实践,将思想理论与计划、方案变为现实,达到了预期的目的,就完成了一个具体的认识过程。但由于受人的认识能力、科学技术水平、社会历史条件的限制,人们的认识往往不深刻、不全面甚至是错误的,只有经过实践与认识的多次反复,经历多次挫折和失败,才能实现主观与客观的观念统一与现实统一。“实践、认识、再实践、再认识,这种形式,循环往复以至无穷,而实践和认识之每一循环的内容,都比较地进到了高一级的程度。”①

要掌握宇宙社会人生的真理、道理、智慧,既需要感性的躬行践履,又需要理性的慎思明辨,当认识饱含了实践经验和人生智慧并达到理论的澄明境界时,才能真正体现出其精深博大和内在力量。唯理论否认感性认识而重视理性认识,只承认理性的实在性,不承认经验的实在性;经验论忽视理性认识而重视感性认识,只承认经验的实在性,否认理性的实在性。教条主义和经验主义是实际工作中的唯理论和经验论。教条主义不懂得要根据中国的实际来运用马克思主义,拒绝研究中国实际和中国革命的经验,把马克思主义变成了僵死的、一成不变的、可以机械套用的教条。经验主义则是轻视理论,拒绝正确理论的指导,满足于一孔之见和一得之功,把局部经验当成普遍真理,也只能导致革命的失败。有鉴于此,毛泽东主张,“有书本知识的人向实际方面发展,然后才可以不停止在书本上,才可以不犯教条主义的错误。有工作经验的人,要向理论方面学习,要认真读书,然后才可以使经验带上条理性、综合性,上升成为理论,然后才可

① 《毛泽东选集》第1卷,人民出版社1999年版,第296—297页。

以不把局部经验误认为即是普遍真理，才可不犯经验主义的错误"①。

2. 自觉的能动性对于实现战争胜利可能性具有决定性意义。"战争的胜负，固然决定于双方军事、政治、经济、地理、战争性质、国际援助诸条件，然而不仅仅决定于这些；仅有这些，还只是有了胜负的可能性，它本身没有分胜负。要分胜负，还须加上主观的努力，这就是指导战争和实行战争，这就是战争中的自觉的能动性。"②"抗日战争是要赶走帝国主义，变旧中国为新中国，必须动员全中国人民，统统发扬其抗日的自觉的能动性，才能达到目的。坐着不动，只有被灭亡，没有持久战，也没有最后胜利。"③"战争是力量的竞赛，但力量在战争过程中变化其原来的形态。在这里，主观的努力，多打胜仗，少犯错误，是决定的因素。客观因素具备着这种变化的可能性，但实现这种可能性，就需要正确的方针和主观的努力。这时候，主观作用是决定的了。"④战争的客观条件、战争的客观规律，是进行战争的基础和前提，指导战争和实行战争，必须认识和尊重战争规律，把握和利用好客观条件。如果不认识、不尊重战争规律，脱离客观实际和客观条件，违背战争规律，超出客观条件所许可的范围，去指导战争和进行战争，必然会导致挫折和失败。而战争规律只是规定了人们活动的空间和界限，战争的客观条件只是为战争胜利提供了一种可能性。要把战争规律变为正确的实践，把战争胜利的可能性变为现实，还必须发挥人的自觉的能动性，积极主动地认识和利用战争规律，充分利用一切有利的条件，去争取战争的胜利。"在斗争中，由于主观指导的正确或错误，可以化劣势为优势，化被动为主动；也可以化优

① 《毛泽东选集》第 3 卷，人民出版社 1991 年版，第 818—819 页。
② 《毛泽东选集》第 2 卷，人民出版社 1991 年版，第 478 页。
③ 《毛泽东选集》第 2 卷，人民出版社 1991 年版，第 477—478 页。
④ 《毛泽东选集》第 2 卷，人民出版社 1991 年版，第 487 页。

势为劣势，化主动为被动……主动和胜利，是可以根据真实的情况，经过主观能力的活跃，取得一定的条件，而由劣势和被动者从优势和主动者手里夺取过来的。”①我们既要反对只看到武器装备、客观条件的重要性，忽视人的自觉能动性的机械论，又要反对离开客观条件、违背战争规律而盲目蛮干的唯意志论。

3. 只有在客观条件基础上充分发挥自觉的能动性才能取得战争胜利。毛泽东在《论持久战》中基于客观条件与主观努力的唯物而辩证的理论，指出“指导战争的人们不能超越客观条件许可的限度期求战争的胜利，然而可以而且必须在客观条件的限度之内，能动地争取战争的胜利。战争指挥员活动的舞台，必须建筑在客观条件的许可之上，然而他们凭借这个舞台，却可以导演出很多有声有色、威武雄壮的戏剧来”②。法国战略学家博福尔在《战略入门》一书中说，在战略的应用上，以下各条都是必要的：(1)坚强的意志。(2)冷静的头脑以保证一切的决定都是经过精密计算的。(3)坚定的决心以保证始终集中全力去实现选定的目标。同时具备这几种素质的人是不常见的。所以事实上，真正合格的战争领导者很少。他们必须既是思想家，又是实践家。战略领导者要意志刚强，有胆有识。战略对抗既是智力的竞赛，也是胆略和意志的较量。克劳塞维茨指出，勇敢可以为理智和见识添翼。这种翅膀愈强，也就可以飞得愈高，看得愈远，结果也愈佳。真正的战略家应当智勇兼备。如果说前者是慧眼，后者则是决心，只有将二者配合起来，才能发挥主动，因时而动。真正的战略家既要胸怀全局、深谋远虑，更要有胆有识，有为理想而奋斗献身的精神和钢铁般的意志力；既要充分利用既有的条件，又要充分发挥主观能动性，运用其过人的胆识和高超的思维艺术，进行战略

① 《毛泽东选集》第 2 卷，人民出版社 1991 年版，第 491 页。

② 《毛泽东选集》第 2 卷，人民出版社 1991 年版，第 478 页。

决策和实践，以赢得最大的胜利。抗日战争的指挥员不能离开客观条件，变为乱撞乱碰的鲁莽家，而必须在深刻认识战争规律、正确利用客观条件的基础上，制定正确的战略战术，增强战胜敌人的信心、勇气、胆魄、毅力，成为勇敢而明智的将军。他们不但要有压倒敌人的勇气，而且要有驾驭整个战争变化发展的能力。要在既定的客观物质的基础之上，发挥他们的主观指导的能力和威力，提挈全军，去打倒那些民族的敌人，“改变我们这个被侵略被压迫的社会国家的状态，造成自由平等的新中国”。“指挥员在战争的大海中游泳，他们要不使自己沉没，而要使自己决定地有步骤地到达彼岸。作为战争指导规律的战略战术，就是战争大海中的游泳术。”[①]这种游泳术，是主观与客观相统一的体现，是客观规律性与自觉能动性相结合的产物。

二、在抗日战争中要充分发挥主动性、灵活性、计划性

毛泽东指出，自觉的能动性，自觉的活动和努力，特别强烈地表现于战争中。战役和战斗的外线的速决的进攻战，中心点在于一个进攻；外线是说的进攻的范围，速决是说的进攻的时间，所以叫它做“外线的速决的进攻战”。这是实行持久战的最好的方针，也即是所谓运动战的方针。要实行这个方针，离不开主动性、灵活性和计划性。

1. 实行运动战要有主动性。这里所说的主动性，是军队行动的自由权。行动自由是军队的命脉，失了这种自由，军队就接近于被打败或被消灭。战争的双方，都力争主动，力避被动。实行外线的速决

① 《毛泽东选集》第2卷，人民出版社1991年版，第478页。

的进攻战,以及为了实现这种进攻战的灵活性、计划性,都是为了争取主动权,以便逼敌处于被动地位,达到保存自己消灭敌人之目的。但主动或被动与战争力量的优势或劣势分不开,因而也和主观指导的正确或错误分不开。主动和战争力量的优势不能分离,而被动则和战争力量的劣势分不开。战争力量的优势或劣势,是主动或被动的客观基础。战略的主动地位,自然以战略的进攻战为较能掌握和发挥,然而贯彻始终和普及各地的主动地位,即绝对的主动权,只有以绝对优势对绝对劣势才有可能。但这类绝对优势的事情,在战争和战役的结局是存在的,战争和战役的开头则少见。抗日战争的最后结局,可以预断,日本将以绝对劣势而失败,中国将以绝对优势而获胜;但是在抗日战争开始阶段,即日寇战略进攻、我之战略防御阶段,双方的优劣都不是绝对的而是相对的。日本因其具有强的军力、经济力和政治组织力这个有利因素,对于我们弱的军力、经济力和政治组织力占了优势,因而造成了它的主动权的基础。但是因为它的军力等数量不多,又有其他许多不利因素,它的优势便为它自己的矛盾所减杀。及到中国,又碰到了中国的地大、人多、兵多和坚强的民族抗战,它的优势再为之减杀。于是在总的方面,它的地位就变成一种相对的优势,因而其主动权的发挥和维持就受了限制,也成了相对的东西。中国方面,虽然在力量的强度上是劣势,因此造成了战略上的某种被动姿态,但是在地理、人口和兵员的数量上,并且又在人民和军队的敌忾心和士气上,却处于优势,这种优势再加上其他的有利因素,便减杀了自己军力、经济力等的劣势的程度,使之变为战略上的相对的劣势。因而也减少了被动的程度,仅处于战略上的相对的被动地位。然而被动总是不利的,必须力求脱离它。军事上的办法,就是坚决地实行外线的速决的进攻战和发动敌后的游击战争,在战役的运动战和游击战中取得许多局部的压倒敌人的优势和主动地位。通过这样许多战役的局部优势和局部主动地位,就能逐渐地造成战略的优势和战略的主动地位,改变战略的劣势和被动地位。这就是主动和被动之间、优势和劣势之间的相互关系。

主动或被动和主观指导的正确与否密切相关。我们能够摆脱相对的战略劣势和战略被动地位,方法就是人工地造成我们许多的局部优势和局部主动地位,去剥夺敌人的许多局部优势和局部主动地位,把它抛入劣势和被动。把这些局部的东西集合起来,就成了我们的战略优势和战略主动,敌人的战略劣势和战略被动。这样的转变,要依靠主观上的正确指导。战争就是两军指挥员以军力、财力等物质基础作地盘,互争优势和主动的主观能力的竞赛。竞赛的结果有胜有败,除了客观物质条件的比较外,胜者必由于主观指挥的正确,败者必由于主观指挥的错误。"我们承认战争现象是较之任何别的社会现象更难捉摸,更少确实性,即更带所谓'盖然性'。但战争不是神物,仍是世间的一种必然运动,因此,孙子的规律,'知彼知己,百战不殆',仍是科学的道理。错误由于对彼己的无知,战争的特性也使人们在许多的场合无法全知彼己,因此产生了战争情况和战争行动的不确实性,产生了错误和失败。然而不管怎样的战争情况和战争行动,知其大略,知其要点,是可能的。先之以各种侦察手段,继之以指挥员的聪明的推论和判断,减少错误,实现一般的正确指导,是做得到的。我们有了这个'一般地正确的指导'做武器,就能多打胜仗,就能变劣势为优势,变被动为主动。"①"主观指导的正确与否,影响到优势劣势和主动被动的变化……战争力量的优劣本身,固然是决定主动或被动的客观基础,但还不是主动或被动的现实事物,必待经过斗争,经过主观能力的竞赛,方才出现事实上的主动或被动。在斗争中,由于主观指导的正确或错误,可以化劣势为优势,化被动为主动;也可以化优势为劣势,化主动为被动。……可见单是某种优

① 《毛泽东选集》第2卷,人民出版社1991年版,第490页。

势还没有确定主动地位，更没有确定最后胜利。主动和胜利，是可以根据真实的情况，经过主观能力的活跃，取得一定的条件，而由劣势和被动者从优势和主动者手里夺取过来的。”①毛泽东还指出，错觉和不意，可以丧失优势和主动。因而有计划地造成敌人的错觉，给以不意的攻击，是造成优势和夺取主动的方法，而且是重要的方法。造成敌人的错觉和出以不意的攻击，即是以战争的不确实性给予敌人，而给自己以尽可能大的确实性，用以争取我之优势和主动，争取我之胜利。敌人的主动地位是有限制的，也是能够破坏的。中国如能在作战方法上坚持主力军的战役和战斗的进攻战，猛烈地发展敌后的游击战争，并从政治上大大地发动民众，我之战略主动地位便能逐渐树立起来。

2. 实行运动战要有灵活性。这里所说的灵活性，就是灵活使用兵力。灵活使用兵力是主动性在作战中的体现和实现，是战争指挥的中心任务，需要极大的主观能力，需要克服战争特性中的纷乱、黑暗和不确实性，而从其中找出条理、光明和确实性来，方能实现指挥上的灵活性。抗日战争战场作战的基本方针是外线的速决的进攻战。执行这个方针，有兵力的分散和集中、分进和合击、攻击和防御、突击和钳制、包围和迂回、前进和后退种种战术或方法。灵活使用和变换这些战术不容易，必须把握时机、地点、部队三个关节。若不得其时，不得其地，不得于部队之情况，都将不能取胜。不但要正确地使用战术，还必须灵活地变换战术。攻击变为防御，防御变为攻击，前进变为后退，后退变为前进，钳制队变为突击队，突击队变为钳制队，以及包围迂回等等之互相变换，都要依据敌我部队、敌我地形的情况，及时恰当地给以变换，是灵活性的指挥之重要任务。“运用之妙，存乎一心”之“妙”，就是灵活性。所谓“运用之妙”是聪明的指挥

---

① 《毛泽东选集》第2卷，人民出版社1991年版，第491页。

员基于客观情况审时度势而采取及时的和恰当的处置方法的一种才能。基于这种运用之妙，外线的速决的进攻战就能较多地取得胜利，就能转变敌我优劣形势，就能实现我对于敌的主动权，就能压倒敌人而击破之，而最后胜利就属于我们了。

3. 实行运动战要有计划性。计划性是人的自觉能动性的重要特点，是人的主动性、灵活性的显著表现。人的活动的计划性，有近期的、中期的，也有远期的。从战争的意义上讲，有战斗的计划、战役的计划，也有战争的计划。战争的计划，由于涉及范围广、时间长、确定性高，就是战略了。任何事物都有一个发展过程。在这个过程中又有若干阶段。各个阶段既相互区别又相互联系。战略领导者要具有前瞻取向和未来取向，科学预见事物发展趋势和最终结局，确定战略目标，划分战略阶段，安排战略步骤，调动力量资源。既要努力实现当前阶段的任务和目标，又要适时实现阶段转换和重点转移，追求更高目标，推进事业发展。若没有预见，就没有战略；没有战略，就没有成功。毛泽东指出："'凡事预则立，不预则废'，没有事先的计划和准备，就不能获得战争的胜利。"①"预见就是预先看到前途趋向。如果没有预见，叫不叫领导？我说不叫领导。"②"坐在指挥台上，如果什么也看不见，就不能叫领导。坐在指挥台上，只看见地平线上已经出现的大量的普遍的东西，那是平平常常的，也不能算领导。只有当着还没有出现大量的明显的东西的时候，当桅杆顶刚刚露出的时候，就能看出这是要发展成为大量的普遍的东西，并能掌握住它，这才叫领导。"所以，"为着领导必须有预见"，"没有预见就没有领导，没有领导就没有胜利。因此，可以说没有预见就没有一切"③。

制定和实施计划，是以对与此相关的事物的认识和把握为基础

① 《毛泽东选集》第2卷，人民出版社1991年版，第495页。
② 《毛泽东文集》第3卷，人民出版社1996年版，第394页。
③ 《毛泽东文集》第3卷，人民出版社1996年版，第395、396页。

的。客观规律与客观条件是制定和实施计划的根据、前提。毛泽东指出，由于战争所特有的不确实性，实现计划性于战争较之实现计划性于别的事业要困难得多。但为了获得战争胜利，又必须有事先的计划和准备。战争没有绝对的确实性，但有某种程度的相对的确实性，这就使战争的计划性有了客观基础。由于战争的确定性程度颇低、时间颇暂，因而其计划性很难完全和固定，是随战争的运动而运动的，并且依战争范围的大小而有程度的不同。战术计划常需一日数变，战役计划大体能终战役之局，但在该战役内常有部分的改变，也间或有全部的改变。战略计划是基于战争双方总的情况而制定的，有更大的固定的程度，但也只适用于一定的战略阶段。当着战争向新的阶段推移，战略计划也就必须改变。“战术、战役和战略计划之各依其范围和情况而确定而改变，是战争指挥的重要关节，也即是战争灵活性的具体的实施，也即是实际的运用之妙。抗日战争的各级指挥员，对此应当加以注意。”①

在计划性问题上，要反对基于战争的流动性而从根本上否认战争计划或战争方针相对的固定性，把计划或方针当成“机械的”东西的错误意见。由于战争情况只有相对的确实性和战争是迅速地向前流动的，战争的计划或方针只有相对的固定性，因而必须根据情况的变化和战争的流动而适时地加以更换或修改，否则，就是机械主义者。但决不能否认一定时间内战争计划或方针的相对固定性。战役方针比战略方针适用的时间要短促，战术方针则更加短促，但都有其一定时间的固定性。否则，就成为毫无定见的战争相对主义。即使在一定时间内适用的方针，也是流动的。但这种流动是有限制的，是流动于执行这一方针的各种不同的战争行动的范围中，而不是这一方针的根本性质的流动，这种根本性质在一定时间内是决不流动的。

① 《毛泽东选集》第2卷，人民出版社1991年版，第495页。

“在绝对流动的整个战争长河中有其各个特定阶段上的相对的固定性——这就是我们对于战争计划或战争方针的根本性质的意见。”①“抗日战争应该是有计划的。战争计划即战略战术的具体运用，要带灵活性，使之能适应战争的情况。要处处照顾化劣势为优势，化被动为主动，以便改变敌我之间的形势。而一切这些，都表现于战役和战斗上的外线的速决的进攻战，同时也就表现于战略上的内线的持久的防御战之中。”②

三、广泛深入动员和组织全中国人民进行抗日战争

毛泽东主张全面抗战，反对片面抗战；坚持抗日民族统一战线中的独立性和领导权，反对一切经过统一战线、一切服从统一战线的错误路线。抗日战争是全民族的革命战争，全国抗日的军民是抗日战争的主体，是争取抗日战争胜利的根本力量，“兵民是胜利之本”③。只有广泛动员、坚定依靠人民群众，才能取得抗日战争的最后胜利。

毛泽东指出，日本帝国主义的本质，决定了它在革命的中国面前决不放松其进攻和镇压。中国若不抵抗，日本就不费一弹安然占领中国；中国若抵抗，日本就向着这种抵抗力压迫，直至它的压力无法超过中国的抵抗力才停止，这是必然的规律。日本地主资产阶级的野心是很大的，为了南攻南洋群岛，北攻西伯利亚起见，采取中间突破的方针，先打中国。那些认为日本将在占领华北、江浙一带以后适可而止的人，完全没有看到发展到了新阶段迫近死亡界限的日本帝国主义，已经和历史上的日本不相同了。日本不能占领全中国，然而

① 《毛泽东选集》第2卷，人民出版社1991年版，第496页。
② 《毛泽东选集》第2卷，人民出版社1991年版，第497页。
③ 《毛泽东选集》第2卷，人民出版社1991年版，第509页。

在它一切力所能及的地区，它将不遗余力地镇压中国的反抗。日本打了中国之后，如果中国的抗战还没有给日本以致命的打击，日本还有足够力量的话，它一定还要打南洋或西伯利亚，甚或两处都打。如果由于苏联的强大，由于日本在中国战争中的大大削弱，它便不得不停止进攻西伯利亚的原来计划，而对之采取根本的守势。然而在出现了这种情形之时，不是日本进攻中国的放松，反而是它进攻中国的加紧，因为那时它只剩下了向弱者吞剥的一条路。那时中国的坚持抗战、坚持统一战线和坚持持久战的任务，就更加显得严重，更加不能丝毫懈气。在这种情况下，中国制胜日本的主要条件，是全国的团结和各方面较之过去有十百倍的进步。要战胜日本帝国主义这样一个强敌，没有长期的广大的努力是不可能的。而最根本的努力有两个方面，这就是军队和人民的进步。

一是要革新军制，增强现代化的技术条件，采取进步的灵活的战略战术。而更为重要的是将进步的政治精神贯注于军队之中。因为"军队的基础在士兵，没有进步的政治精神贯注于军队之中，没有进步的政治工作去执行这种贯注，就不能达到真正的官长和士兵的一致，就不能激发官兵最大限度的抗战热忱，一切技术和战术就不能得着最好的基础去发挥它们应有的效力"①。军队应实行一定限度的民主化，废除封建主义的打骂制度，实行官兵一致、同甘共苦，从而极大地增加战斗力，支持长期的残酷的战争。

二是进行广泛的政治动员，发动、组织广大人民群众参加抗战。"武器是战争的重要的因素，但不是决定的因素，决定的因素是人不是物。力量对比不但是军力和经济力的对比，而且是人力和人心的对比。军力和经济力是要人去掌握的。"②"动员了全国的老百姓，就

① 《毛泽东选集》第2卷，人民出版社1991年版，第511页。

② 《毛泽东选集》第2卷，人民出版社1991年版，第469页。

造成了陷敌于灭顶之灾的汪洋大海，造成了弥补武器等等缺陷的补救条件，造成了克服一切战争困难的前提。”①“战争的伟力之最深厚的根源，存在于民众之中。日本敢于欺负我们，主要的原因在于中国民众的无组织状态。克服了这一缺点，就把日本侵略者置于我们数万万站起来了的人民之前，使它像一匹野牛冲入火阵，我们一声唤也要把它吓一大跳，这匹野牛就非烧死不可。”②“军队须和民众打成一片，使军队在民众眼睛中看成是自己的军队，这个军队便无敌于天下，个把日本帝国主义是不够打的。”③

搞好官兵关系和军民关系，根本的不是方法问题、技术问题，而是根本态度问题。这种态度就是尊重士兵和尊重人民。从这种态度出发，就会有各种的政策、方法、方式。离了这种态度，政策、方法、方式就一定是错的，官兵之间、军民之间的关系便决然弄不好。军队政治工作的三大原则是官兵一致、军民一致、瓦解敌军。要有效地实行这些原则，都必须从尊重士兵、尊重人民和尊重已经放下武器的敌军俘虏的人格这种根本态度出发。全军全民的广大的政治动员，是取得抗战胜利的各种条件中最基本的条件。因此，在一切工作中，应该坚持抗日民族统一战线的总方针。因为只有这种方针才能坚持抗战，坚持持久战，才能普遍地深入地改善官兵关系、军民关系，才能发动全军全民的全部积极性，为保卫一切未失地区、恢复一切已失地区而战，才能争取最后胜利。没有许多别的必要的东西固然也没有胜利，然而全军全民的广大的政治动员，是胜利的最基本的条件。抗日民族统一战线是全军全民的统一战线，决不仅仅是几个党派的党部和党员们的统一战线；动员全军全民参加统一战线，才是发起抗日民族统一战线的根本目的。

---

① 《毛泽东选集》第2卷，人民出版社1991年版，第480页。

② 《毛泽东选集》第2卷，人民出版社1991年版，第511—512页。

③ 《毛泽东选集》第2卷，人民出版社1991年版，第512页。

第七章 《论持久战》的历史地位与当代价值

毛泽东的《论持久战》，在总结概括全民族抗战开始以来10个月经验的基础上，科学分析中日战争双方相互矛盾的基本特点，准确预见了抗日战争的发展进程与光明前景，系统阐明了中国共产党关于抗日战争持久战的战略方针，有力地指导了全民族伟大的抗日战争，树立了运用马克思主义的科学世界观方法论研究和指导战争的光辉典范。《论持久战》所贯穿、蕴含、运用的科学世界观方法论，对于当代中国共产党人领导人民坚持和发展中国特色社会主义，建设富强民主文明和谐美丽的社会主义现代化强国，实现中华民族伟大复兴，具有重要的指导意义。

一、《论持久战》深刻揭示了抗日战争的客观规律与战略道路，有力指导了伟大的抗日战争

恩格斯说："只有清晰的理论分析才能在错综复杂的事实中指明正确的道路。"[①]毛泽东在《论持久战》中关于抗日战争发展进程和

① 《马克思恩格斯全集》第37卷，人民出版社1971年版，第283页。

前景趋势的论断，关于抗日战争的方针政策、战略战术的论述，以其理论的深刻、逻辑的严密、事实的雄辩，有力地批判了消极悲观的“亡国论”和盲目乐观的“速胜论”，增强了抗战军民坚持持久战、争取最后胜利的决心信心，对于中国伟大的抗日战争发挥了重大的战略指导作用。

在全面抗战爆发前的1934年至1936年间，党和毛泽东就根据中日民族矛盾成为主要矛盾的时局，为我们党制定了建立抗日民族统一战线的政治路线。抗日战争爆发以后，党和毛泽东反对国民党片面抗战、消极抗战的路线，提出实行全军全民总动员的全面抗战的人民战争路线以及进行持久战的战略方针。在《论持久战》中，毛泽东在全面分析中日战争双方相互矛盾的基本特点基础上，进一步阐明了我们党的抗战主张，强调必须坚持抗日民族统一战线，坚持全面的全民族抗战，坚持持久战，并根据抗日战争发展进程的推移和发展阶段的转换，正确而恰当地运用好各种战略战术。

在毛泽东《论持久战》所阐明的抗日战争的政治路线和军事路线指引下，形成了全国军民总动员的抗日战争高潮。在抗日战争第一阶段即战略防御阶段，由于国民党实行片面抗战路线，使大片国土沦入日寇之手。而中国共产党领导的八路军、新四军勇敢深入敌后，放手发动群众，建立抗日根据地，开展游击战争，给日寇占领的城市和交通线极大威胁，牵制和消耗了敌人大量兵力，收复了大片国土，使抗日战争的形势和敌我力量对比不断发生变化。中国共产党及其领导下的军民坚持抗战，坚持抗日民族统一战线，促进和增强了国内团结进步，提振了全国人民抗战到底、争取胜利的意志、勇气和信心。

在抗日战争第二阶段即战略相持阶段，尽管日寇暂时扩大了侵占的领土，但其人员和武器弹药大量消耗，士气日渐萎靡，财政和经济日益困难，人民和士兵厌战，日本统治集团内部矛盾日益加深，对于战争前途的估计日趋悲观。战略相持阶段是抗战最艰难的时期。

日寇对国民党采取政治诱降为主、军事打击为辅的方针，停止对国民党正面战场的进攻，而以主力进攻中国共产党领导的解放区。在国民党方面，1938 年武汉失守以后，以汪精卫为代表的一部分亲日的大地主大资产阶级公开投降日寇；以蒋介石为首的国民党实行消极抗战、积极反共反人民的反动政策。日寇为了确保其占领地，一方面，在沦陷区建立伪政权，实行"以战养战"的经济侵略政策；另一方面，对中国共产党领导的抗日根据地进行大规模"扫荡"，实行野蛮的"三光"政策，我党领导的解放区处于极端困难的时期。1941 年和 1942 年，根据地缩小了，人口从 1 亿人降到 5000 万人以下，八路军从 50 万人缩减到 30 万人。但在党和毛泽东的正确领导下，解放区军民奋起作战，粉碎了日寇残酷的"扫荡"，打退了国民党反动派的反共高潮。在全党开展的整风运动以及解放区的大生产运动，确立了实事求是的思想路线，实现了我们党在思想上的高度统一和组织上的巩固，实现了解放区军民的丰衣足食，为扭转战局，度过最困难时期，奠定了思想的和物质的基础。到 1944 年 4 月，根据地人口达到了 8000 多万人，军队达到了 47 万人，民兵 200 多万人。而在国民党方面，其军队缩减一半以上，并且大部分几乎丧失了战斗力。我党领导的八路军、新四军，担负了抗战的主要任务，日本几十个师团在我八路军和新四军的打击与箝制下进退维谷。1941 年日本发动太平洋战争后，战线拉长，兵力更加不足，财政状况恶化，国际形势对其更加不利。在这一战略阶段，敌我力量对比发生巨大变化，中国逐渐上升，日本日渐下降，中国由劣势逐步到平衡到优势，日本则由优势日趋到平衡到劣势，这就为中国进行战略反攻，最终将日寇驱逐出中国，创造和准备了条件。

在同盟国军队于各战场转入战略反攻和战略进攻后，中国战场于 1943 年秋季起逐步转入战略反攻。1944 年春，日本帝国主义已成强弩之末，濒临失败灭亡，进行最后挣扎，企图打通平汉、粤汉交通线，发动了对国民党战场新的进攻。国民党军队在日寇进攻面前迅速溃退，放弃了河南、湖南、广西、广东大部分地区，并一直退到贵州。中国共产党领导的八路军、新四军，在华北、华中、华南各解放区则先后开始局部反攻，连续不断展开攻势作战，对日寇占领的点线包围越来越紧，消灭大量敌军，收复大片国土，扩大了解放区，打通了许多解放区之间的联系，发展壮大了抗日武装力量，逐步实现由游击战向运动战转变，为转入全面反攻创造了重要条件。到 1945 年 4 月，我军已发展到 91 万人，民兵 220 万人以上，建立了遍及华北、华中、华南的 19 个解放区，解放区面积达到 95 万平方公里，人口达到 9550 万人，在全国范围内形成了对日寇占领的大多数城市和交通要道的战略包围，对日寇进行战略反攻和战略决战的阶段来临。在 1945 年召开的党的第七次全国代表大会上，毛泽东作了题为《论联合政府》的报告，系统阐述了我们党的路线和纲领。大会提出“放手发动群众，壮大人民力量，在我党的领导下，打败日本侵略者，建立一个新民主主义的中国”。① 在党和毛泽东的领导下，解放区军民对日展开战略反攻。1945 年 7 月 26 日，中、美、英三国发表波茨坦公告，敦促日本投降。1945 年 8 月 8 日，苏联政府发表对日作战宣言。8 月 9 日，苏联红军开赴东北战场，与中国军民一道对日作战。同日，毛泽东发表《对日寇的最后一战》声明，号召中国人民的一切抗日力量举行全国规模反攻。随后，延安总部朱德总司令发布七道全面反攻命令，各根据地军民向日、伪军发起猛烈的全面反攻，迅速解放了大片国土。8 月 14 日，日本政府照会中、美、英、苏四国政府，表示接受波茨坦公告。8 月 15 日，日本天皇裕仁发布《终战诏书》。日本宣布无条件投降。9 月 2 日，在东京湾的“密苏里”号上，日本代表在投降书上签字。侵华日军 128 万人随即向中国投降。中国人民艰苦卓绝的伟大抗日战争至此胜

---

① 《毛泽东选集》第 3 卷，人民出版社 1991 年版，第 1103 页。

利结束，世界反法西斯战争也胜利结束。到抗日战争结束时，我们党领导的人民军队已经发展到132万人，民兵发展到260万人，解放区扩展到19块近100万平方公里，人口近1亿人，使抗日战争的胜利成为人民的胜利，并为推翻国民党的反动统治，取得新民主主义革命的彻底胜利，创建新中国，准备了重要条件，奠定了坚实基础。

中国人民的抗日战争是近代以来中国反抗外敌侵略第一次取得完全胜利的民族解放战争。“这一伟大胜利，彻底粉碎了日本军国主义殖民奴役中国的图谋，洗刷了近代以来中国抗击外来侵略屡战屡败的民族耻辱。这一伟大胜利，重新确立了中国在世界上的大国地位，使中国人民赢得了世界爱好和平人民的尊敬。这一伟大胜利，开辟了中华民族伟大复兴的光明前景，开启了古老中国凤凰涅槃、浴火重生的新征程。”[①]中国人民抗日战争的胜利，成为中华民族走向伟大复兴的历史转折点，对于世界和平进步发展也具有重大而深远的意义。它彻底打败了日本侵略者，有力地捍卫了国家主权和领土完整；促进了中华民族的觉醒，使中国人民在精神上和组织上的进步达到了前所未有的高度，为中国共产党领导人民实现彻底的民族独立和人民解放奠定了重要基础；促进了中华民族的大团结，弘扬了以爱国主义为核心的中华民族伟大精神；抗日战争作为世界反法西斯战争的重要组成部分，中国以长期抗战牵制和消耗日本大量军力，以巨大的民族牺牲支撑起世界反法西斯战争的东方主战场，为世界各国人民夺取反法西斯战争的胜利以及维护世界和平的伟大事业作出了重大贡献、产生了巨大影响，极大地提高了中国的国际地位和国际影响。中国的抗日战争是反侵略的正义战争，得到了世界各国人民、世界反法西斯战争各同盟国家的支援。

---

① 习近平：《在纪念中国人民抗日战争暨世界反法西斯战争胜利70周年大会上的讲话》，《人民日报》2015年9月4日。

中国的抗日战争的胜利,是全国各族人民艰苦奋斗英勇牺牲的结果,是人民的胜利。中国人民空前的民族觉醒、坚强的民族团结、英勇的民族抗争,是抗日战争取得胜利的决定性因素。人民战争的汪洋大海,使猖獗一时的日本侵略者陷入无可避免的灭顶之灾。

中国的抗日战争的胜利是中国共产党人的胜利。中国共产党以自己的思想理论、政治主张、坚定信念、顽强意志、牺牲精神、模范行为,在抗日战争中发挥了中流砥柱的重大作用。以毛泽东为杰出代表的中国共产党人把马克思主义基本原理运用于抗日战争伟大实践,积极倡导、促成、维护抗日民族统一战线,最大限度动员全国军民共同抗战;提出全面抗战和持久战的战略总方针,提出了进行人民战争的一整套战略战术,开辟了广大的敌后战场,成为坚持抗战的中坚力量。在中国人民的抗日战争中,形成了伟大的抗战精神。天下兴亡、匹夫有责的爱国情怀,视死如归、宁死不屈的民族气节,不畏强暴、血战到底的英雄气概,百折不挠、坚忍不拔的必胜信念,是中国人民的宝贵精神财富,也必将成为中国共产党领导人民坚持和发展中国特色社会主义、实现中华民族伟大复兴的强大精神动力。

二、《论持久战》树立了创造性运用马克思主义哲学研究和指导战争的光辉典范

在《论持久战》中,毛泽东运用马克思主义科学世界观方法论研究抗日战争的特点和规律,指明了抗日战争的发展过程、发展阶段、光明前景和战略战术,极大地鼓舞了抗战军民的信心信念,指引中国人民伟大的抗日战争取得了完全的胜利,并以创造性的理论与观点丰富和发展了马克思主义哲学,树立了在研究和指导战争中运用和发展马克思主义哲学的光辉典范。

毛泽东坚持马克思主义的辩证唯物论,强调研究战争指导规律,

必须做到主观与客观相符合。在《论持久战》中,运用客观的、全面的、联系的和发展的观点考察和研究中日战争双方相互矛盾的特点以及在整个战争进程中的力量对比变化,科学预见了抗日战争的发展进程与最终结局,指出抗日战争是持久的,最后胜利是中国的,抗日战争必将经历战略防御、战略相持、战略反攻三个阶段,有力地驳斥了盲目乐观的"速胜论"和悲观失望的"亡国论",体现了鲜明的唯物辩证的思维方法。战争问题中的唯心论和机械论,是一切错误观点的思想理论根源。他们看问题的方法是主观的和片面的,或者是毫无根据地纯主观地说一顿;或者是只根据问题的一侧面、一时候的表现,也同样主观地把它夸大起来,当作全体看。只有"反对战争问题中的唯心论和机械论的倾向,采用客观的观点和全面的观点去考察战争,才能使战争问题得出正确的结论"①。

毛泽东坚持运用马克思主义的能动的革命的反映论,强调充分发挥主观能动性,努力把握战争规律,指导战争实践。作为政治的继续,作为一种社会历史现象,"战争不是神物,仍是世间的一种必然运动"②,其规律是可以认识的。战争作为一种特殊的社会历史现象,较之任何别的社会历史现象更难捉摸,更带有"盖然性"。战争双方相互保密,相互欺诈,极力迷惑对方,且战争因素纷繁复杂,战争形势经常变化,给认识战争、指导战争带来了更大的困难。"战争没有绝对的确实性,但不是没有某种程度的相对的确实性。我之一方是比较地确实的。敌之一方很不确实,但也有朕兆可寻,有端倪可察,有前后现象可供思索。"③在战争双方中,己之情况是比较确实的,敌之情况则是不确实的,因而在战争中主观指导与客观情况完全符合的情况是比较少见的,但"知其大略,知其要点,是可能的。先

① 《毛泽东选集》第2卷,人民出版社1991年版,第447页。

② 《毛泽东选集》第2卷,人民出版社1991年版,第490页。

③ 《毛泽东选集》第2卷,人民出版社1991年版,第495页。

之以各种侦察手段，继之以指挥员的聪明的推论和判断，减少错误，实现一般的正确指导，是做得到的。我们有了这个‘一般地正确的指导’做武器，就能多打胜仗，就能变劣势为优势，变被动为主动”①。这就要求战争指挥者充分发挥自觉的能动性，在抓住主要情况的前提下尽可能把握敌我双方的全面情况，在深入调查加强侦察的基础上作出分析判断，透过现象抓住本质，制定正确的战略战术，指导战争取得胜利。

实践的观点是马克思主义认识论之第一的和基本的观点。实践是认识的来源、认识发展的动力、认识的目的以及检验认识是否具有真理性的唯一标准。如果离开实践，就不能获得对于客观事物本质和规律的认识。战争规律是可以认识的，而对于战争规律的认识是通过战争实践、总结战争实践经验而获得的，“从战争学习战争——这是我们的主要方法”②。认识战争规律，必须进行战争实践，总结直接经验。同时，还要重视学习理论，吸取间接经验。“经验对于干部是必需的，失败确是成功之母。但是虚心接受别人的经验也属必需，如果样样要待自己经验，否则固执己见拒不接受，这就是十足的‘狭隘经验论’。”③而学习理论，吸取间接经验，不能照抄照搬、生搬硬套，必须联系具体实际，结合具体实践，创造性地加以运用。“一切带原则性的军事规律，或军事理论，都是前人或今人做的关于过去战争经验的总结。这些过去的战争所留给我们的血的教训，应该着重地学习它。这是一件事。然而还有一件事，即是从自己经验中考证这些结论，吸收那些用得着的东西，拒绝那些用不着的东西，增加自己所特有的东西。这后一件事是十分重要的，不这样做，我们就不

---

① 《毛泽东选集》第2卷，人民出版社1991年版，第490页。
② 《毛泽东选集》第1卷，人民出版社1991年版，第181页。
③ 《毛泽东选集》第1卷，人民出版社1991年版，第213—214页。

能指导战争。”[①]毛泽东的《论持久战》，就是在总结我们党运用马克思主义基本理论领导中国革命战争的经验的基础上，特别是在总结全民族抗战10个月宝贵经验的基础上，唯物而辩证地分析中日战争双方相互矛盾的特点，深入研究中日双方力量在战争进程中的消长变化，深刻揭示了抗日战争的规律，科学预见了抗日战争的发展进程与发展结局，得出了抗日战争是持久战，最后胜利是中国的结论，谋划了抗日战争的战略道路，有力地批判了“亡国论”和“速胜论”。正如毛泽东1962年在扩大的中央工作会议上的讲话中所说：“从党的建立到抗日时期，中间有北伐战争和十年土地革命战争。我们经过了两次胜利，两次失败。……在民主革命时期，经过胜利、失败，再胜利、再失败，两次比较，我们才认识了中国这个客观世界。在抗日战争前夜和抗日战争时期，我写了一些论文，例如《中国革命战争的战略问题》、《论持久战》、《新民主主义论》、《〈共产党人〉发刊词》，替中央起草过一些关于政策、策略的文件，都是革命经验的总结。那些论文和文件，只有在那个时候才能产生，在以前不可能，因为没有经过大风大浪，没有两次胜利和两次失败的比较，还没有充分的经验，还不能充分认识中国革命的规律。”[②]“在抗日时期，我们才制定了合乎情况的党的总路线和一整套具体政策。这时候，中国民主革命这个必然王国才被我们认识，我们才有了自由。”[③]

毛泽东在《中国革命战争的战略问题》中指出：“战争是民族和民族、国家和国家、阶级和阶级、政治集团和政治集团之间互相斗争的最高形式；一切关于战争的规律，都是进行战争的民族、国家、阶级、政治集团为了争取自己的胜利而使用的。”[④]战争的胜负，主要地

① 《毛泽东选集》第1卷，人民出版社1991年版，第181页。

② 《毛泽东著作选读》下册，人民出版社1986年版，第825—826页。

③ 《毛泽东著作选读》下册，人民出版社1986年版，第826页。

④ 《毛泽东选集》第1卷，人民出版社1991年版，第182页。

决定于作战双方的军事、政治、经济、自然诸条件，同时还决定于作战双方主观指导的能力。战争规律是在敌我双方政治、经济、军事、国土、人口等因素的相互关联和相互作用中产生的，敌我双方所制定和实施的战略战术，是由上述诸种因素及其相互作用和发展变化决定的。《孙子兵法》讲“知彼知己，百战不殆”。作为战争指导者要指导战争，必须客观地、全面地了解敌我双方的基本情况，既要明于知敌，又要明于知己，认识和把握战争规律，制定正确战略战术。马克思主义的认识论是以实践为基础的能动的革命的反映论，不仅要求通过获得丰富的而不是零碎的、合于实际的而不是主观臆造的感觉材料；还要求对于感觉材料进行去粗取精、去伪存真、由此及彼、由表及里的改造制作工夫，造成概念和理论系统，获得对于事物的本质和规律的认识；不仅要求实现主观与客观的观念的统一，把握规律和真理，还要求用对于事物规律的认识指导新的实践，在新的实践中检验真理和发展真理，达到改造客观世界的目的，实现主观与客观的现实的统一。战争指导者对于战争规律的认识过程，包括两个阶段，第一阶段就是进行调查、侦察，收集材料，进行思考，作出判断，定下决心，制订计划。任何军事计划，都是应该建立于必要的侦察和对敌我情况及其相互关系的周密思索的基础之上的。毛泽东指出：“战略问题是研究战争全局的规律的东西”①，“学习战争全局的指导规律，是要用心去想一想才行的。因为这种全局性的东西，眼睛看不见，只能用心思去想一想才能懂得，不用心思去想，就不会懂得。”②“指挥员的正确的部署来源于正确的决心，正确的决心来源于正确的判断，正确的判断来源于周到的和必要的侦察，和对于各种侦察材料的联贯起来的思索。指挥员使用一切可能的和必要的侦察手段，将侦察得来的敌方情况的各种材

① 《毛泽东选集》第1卷，人民出版社1991年版，第175页。
② 《毛泽东选集》第1卷，人民出版社1991年版，第177页。

料加以去粗取精、去伪存真、由此及彼、由表及里的思索,然后将自己方面的情况加上去,研究双方的对比和相互的关系,因而构成判断,定下决心,作出计划,——这是军事家在作出每一个战略、战役或战斗的计划之前的一个整个的认识情况的过程。”①第二阶段,就是将计划付诸实施,在实践中检验、修正、发展、完善计划,在战争实践中实现保存自己、消灭敌人的目的。毛泽东说:“认识情况的过程,不但存在于军事计划建立之前,而且存在于军事计划建立之后。当执行某一计划时,从开始执行起,到战局终结止,这是又一个认识情况的过程,即实行的过程。此时,第一个过程中的东西是否符合于实况,需要重新加以检查。如果计划和情况不符合,或者不完全符合,就必须依照新的认识,构成新的判断,定下新的决心,把已定计划加以改变,使之适合于新的情况。部分地改变的事差不多每一作战都是有的,全部地改变的事也是间或有的。鲁莽家不知改变,或不愿改变,只是一味盲干,结果又非碰壁不可。”②无论是明于知己、暗于知彼,还是明于知彼、暗于知己,都不能解决战争规律的学习和使用问题。

毛泽东坚持和运用马克思主义的唯物辩证法研究抗日战争的规律,指导抗日战争的伟大实践,从理论和实践的结合上丰富和发展了马克思主义的唯物辩证法。他不仅重视研究战争的一般规律,更重视研究战争的特殊规律;不仅重视研究战争的共同点和普遍根据,更重视研究战争的特殊点和特殊根据。他着眼于中日战争的特点及其发展,深刻分析中日战争双方相互矛盾的基本特点以及在战争进程中双方力量对比的变化,将抗日战争进程划分为战略防御、战略相持、战略反攻三个前后相继的阶段,制定了在抗日战争不同阶段的战略战术。在《论持久战》中,毛泽东还运用唯物辩证法,论述了进攻

① 《毛泽东选集》第1卷,人民出版社1991年版,第179—180页。
② 《毛泽东选集》第1卷,人民出版社1991年版,第180页。

与防御，持久与速决，内线与外线，运动战、游击战、阵地战，消耗战、歼灭战，以及战争与政治、客观条件与自觉能动性、保存自己与消灭敌人等辩证关系，为正确实施抗日战争的战略战术，争取抗日战争的胜利，提供了科学的方法论指导。

毛泽东坚持和运用马克思主义的唯物史观研究抗日战争，揭示了抗日战争的本质和争取抗日战争胜利的主体力量。他指出战争是政治的继续，是政治的手段，是政治斗争的最高形式。政治是战争的目的，而政治则是经济的集中表现。抗日战争是为了中华民族独立和中国人民解放而战，是为了消灭法西斯、实现人类永久和平而战。抗日战争是正义的和进步的战争，而正义的和进步的战争与中国最广大人民的利益是一致的，是与世界爱好和平的一切国家和人民的利益是一致的，因而必将得到中国广大人民的拥护支持，也必将得到世界上一切爱好和平的国家和人民的支持和援助。人民群众是历史的创造者，也是正义的和进步的战争的主体力量。“兵民是胜利之本”①，“战争的伟力之最深厚的根源，存在于民众之中”②，“动员了全国的老百姓，就造成了陷敌于灭顶之灾的汪洋大海”③。抗日战争是为了中华民族的独立与中国人民的解放的，也必须进行广泛的有效的政治动员，放手发动人民群众，紧紧依靠人民群众，实行最彻底、最全面、最伟大的人民战争。

三、在中国特色社会主义新时代学习运用《论持久战》昭示的科学世界观与方法论

毛泽东的《论持久战》以其客观求实的态度、唯物辩证的方法、

① 《毛泽东选集》第2卷，人民出版社1991年版，第477页。
② 《毛泽东选集》第2卷，人民出版社1991年版，第511页。
③ 《毛泽东选集》第2卷，人民出版社1991年版，第480页。

缜密严谨的逻辑、通观全局的眼光，透彻分析中日战争双方的基本特点及其力量对比变化，深刻揭示了抗日战争的规律与前途，擘画了指导抗日战争走向胜利的战略道路，极大地鼓舞了抗战军民的必胜信心，有力地指导了伟大的抗日战争实践，并以其创造性创新性的关于战争规律与军事战略的思想理论丰富和发展了马克思主义，从理论与实践的结合上推进了马克思主义的中国化。今天我们重温这篇经典著作，深刻领会、学习、运用其中的科学的世界观方法论，尤其是把握和运用贯穿其中的科学的思维方式、价值取向和自觉能动精神，对于深入学习贯彻习近平新时代中国特色社会主义思想，坚持和发展中国特色社会主义，全面推进“五位一体”总体布局，协调推进“四个全面”战略布局，实现“两个一百年”奋斗目标，实现中华民族伟大复兴的中国梦，具有重要意义。

（一）运用辩证思维，牢牢把握发展大势

学习和运用唯物辩证的思想方法，就要客观地而不是主观地、全面地而不是片面地、系统地而不是零散地、普遍联系地而不是孤立地、发展地而不是静止地观察事物、分析问题、解决问题。坚持唯物论是坚持辩证法的前提。我们要尊重辩证法，首先要尊重唯物论。列宁在《哲学笔记》中把“考察的客观性”①作为辩证法的第一要素，毛泽东也指出研究问题要忌带主观性、片面性和表面性。所谓主观性，就是不知道客观地看问题，也就是不知道用唯物的观点看问题。所谓片面性，就是不知道全面地看问题，不了解矛盾各方的特点。所谓表面性，就是不知道本质地看问题，否认深入研究矛盾特点的必要性，粗枝大叶地看到一点矛盾的形相，就想动手去解决矛盾，这样的

① 《列宁专题文集·论辩证唯物主义和历史唯物主义》，人民出版社 2009 年版，第 139 页。

做法，没有不出乱子的。教条主义和经验主义者之所以犯错误，就是因为他们看事物的方法是主观的、片面的和表面的。片面性、表面性也是主观性，因为一切客观事物本来是互相联系的和具有内部规律的，若不去如实地反映这些情况，而只是片面地或表面地去看它们，不认识事物的互相联系，不认识事物的内部规律，这种方法就是主观主义的。唯物论和辩证法紧密联系、相互规定。讲唯物论不能离开辩证法，否则就会陷入机械唯物论；讲辩证法也不能离开唯物论，否则就会陷入唯心主义和相对主义。

毛泽东在《论持久战》中针对“亡国论”和“速胜论”两种错误论调，坚持客观性、全面性、联系性、发展性原则，深入分析中日战争双方的特点，科学预见在战争进程中中日双方力量对比变化，透过现象看本质，指出了日本帝国主义侵华战争的退步性和野蛮性及其向下变化衰落的本质与必然性，阐扬了中国人民抗日战争的进步性和正义性以及向上变化发展的本质与必然性，揭示了抗日战争的根本规律与发展趋势，得出了抗日战争是持久战、最后胜利是中国的这一确凿的结论，有力地驳斥了在抗日战争问题上的各种错误论调，指明了抗日战争的光明前途。

坚持唯物辩证的思维方法，就要坚持实事求是，以客观、全面、联系、发展的眼光看问题。在建设中国特色社会主义、推进和实现经济社会协调发展与人的全面发展的进程中，我们要认识和把握发展的客观条件和主观条件、国内条件和国际条件、有利条件和不利条件、历史条件和现实条件及其发展变化，综合考量各种因素、各种机遇、各种风险挑战，利用各种条件机遇，应对各种风险挑战，把握正确方向，推动事业发展。为此，就要打牢马克思主义理论功底，这是坚持实事求是的理论基础。要加强党性修养，坚持一切以人民利益和党的事业为重，这是坚持实事求是的思想基础。要求真务实，大力弘扬我们党优良的思想作风和工作作风，讲老实话、办老实事、做老实人，这是坚持实事求是的作风保证。

坚持唯物辩证的思维方法，就要坚持矛盾分析方法。一是要坚持矛盾普遍性与特殊性的辩证法，既要认识矛盾的普遍性，以发现事物运动发展的普遍原因和普遍根据；更要重视研究矛盾的特殊性，以发现事物运动发展的特殊原因和特殊根据。既要坚持马克思主义基本原理，又要立足中国实际，把马克思主义与中国国情紧密结合起来。中国特色社会主义是社会主义而不是其他什么主义，科学社会主义基本原则不能丢，丢了就不是社会主义。一个国家实行什么样的主义，关键要看这个主义能否解决这个国家面临的历史性课题。"当代中国的伟大社会变革，不是简单延续我国历史文化的母版，不是简单套用马克思主义经典作家设想的模板，不是其他国家社会主义实践的再版，也不是国外现代化发展的翻版。""社会主义并没有定于一尊、一成不变的套路，只有把科学社会主义基本原则同本国具体实际、历史文化传统、时代要求紧密结合起来，在实践中不断探索总结，才能把蓝图变为美好现实。"①

二是要坚持两点论和重点论的辩证法。在经济社会发展过程中，我们既要抓住主要矛盾，又要关注其他矛盾，切实解决发展不平衡不充分问题，以满足人民日益增长的美好生活需要。在改革进程中，既要整体推进，又要重点突破。改革是一个系统工程，必须坚持全面改革，在各项改革协同配合中推进。改革开放是一场深刻而全面的社会变革，每一项改革都会对其他改革产生重要影响，每一项改革又都需要其他改革协同配合。要更加注重各项改革的相互促进、良性互动，整体推进，重点突破，形成推进改革的强大合力。

三是要坚持同一性和斗争性的辩证法。矛盾无处不在、无时不

① 习近平：《在纪念马克思诞辰200周年大会上的讲话》，《人民日报》2018年5月5日。

在,世界充满着矛盾,没有矛盾就没有世界。正是事物矛盾各方面的相互依赖和相互斗争,推动了事物的发展。唯物辩证法教导我们要在对立中把握统一,在统一中看到对立。不能只讲斗争不讲统一,或只讲统一不讲斗争。我们要坚持和发展中国特色社会主义,也要坚持同一性与斗争性的辩证统一。我们不能回避矛盾、否定斗争,而是要正视矛盾、分析矛盾、解决矛盾,通过积极正确的斗争解决矛盾。习近平在党的十九大报告中指出:“社会是在矛盾运动中前进的,有矛盾就会有斗争。”“我们党要团结带领人民有效应对重大挑战、抵御重大风险、克服重大阻力、解决重大矛盾,必须进行具有许多新的历史特点的伟大斗争,任何贪图享受、消极懈怠、回避矛盾的思想和行为都是错误的。”①全党要更加自觉地坚持党的领导和我国社会主义制度,坚决反对一切削弱、歪曲、否定党的领导和我国社会主义制度的言行;更加自觉地维护人民利益,坚决反对一切损害人民利益、脱离群众的行为;更加自觉地投身改革创新时代潮流,坚决破除一切顽瘴痼疾;更加自觉地维护我国主权、安全、发展利益,坚决反对一切分裂祖国、破坏民族团结和社会和谐稳定的行为;更加自觉地防范各种风险,坚决战胜一切在政治、经济、文化、社会、生态等领域和自然界出现的困难和挑战。全党要充分认识这场伟大斗争的长期性、复杂性、艰巨性,发扬斗争精神,提高斗争本领,不断夺取伟大斗争新胜利。

(二)运用战略思维,稳步推进中华民族伟大复兴进程

事物是整体和过程的统一体,全局不仅指由各种要素、部分、方面构成的系统整体,还指由诸多环节、阶段构成的动态过程。战略思

---

① 习近平:《决胜全面建成小康社会 夺取新时代中国特色社会主义伟大胜利——在中国共产党第十九次全国代表大会上的报告》,人民出版社 2017 年版,第 15 页。

维不仅要从空间的维度、从事物的整体结构考虑问题,还要从时间的维度、从事物的动态过程考虑问题;不仅要处理好构成系统的各个方面的关系,而且要处理好构成过程的各个阶段的关系。我们在实践中不仅要照顾各个方面,而且要照顾各个阶段。运用战略思维,就要坚持全局与局部的辩证法,着眼全局,把全局作为分析问题和解决问题的出发点与落脚点,善于从全局的高度来观察、处置局部的问题;兼顾各方,对改革全局进行总体设计和通盘谋划,确定战略目标,制定战略部署,指导战略行动,组织战略协同,使各个局部协调动作,使各种方式有机组合,使各个环节紧密相连,努力实现改革全局的总目标;把握重点,抓住主要矛盾,抓住关系全局的大事、突出战略重点,做好中心工作,以此为枢纽推动全局的工作;弄清楚整体政策安排与某一具体政策的关系、系统政策链条与某一政策环节的关系、政策顶层设计与政策分层对接的关系、政策统一性与政策差异性的关系、长期性政策与阶段性政策的关系,既不能以局部代替整体,又不能以整体代替局部,既不能以灵活性损害原则性,又不能以原则性束缚灵活性。

要坚持过程与阶段的辩证法,准确预见事物发展趋势,并采取适当的行动影响事物发展方向和发展过程。毛泽东作为杰出的战略家,具有超乎寻常的洞察力、判断力和预见力。他指出中国革命要分两步走,新民主主义革命是社会主义革命的必要准备,社会主义革命是新民主主义革命的必然趋势。两篇文章,只有上篇做得好,下篇才能做得好。在《论持久战》中,毛泽东从战略的高度,科学分析抗日战争的全局,深刻揭示抗日战争的规律,英明预见了抗日战争的发展进程与最终结局,指出抗日战争要经历战略防御、战略相持、战略反攻三个阶段,是一场长期而艰苦的持久战,只有进行广泛的政治动员,凝聚全民族的力量,在抗日战争各个阶段采取正确的战略战术,与日寇血战到底,才能取得抗日战争的胜利。正是由于有这种战略远见、战略定力、战略耐心、战略信念,党和毛泽东领导人民军队和广大人民进行了旷日持久、艰苦卓绝的八年抗战,在伟大的抗日战争中发挥了中流砥柱的作用,为赢得抗日战争的胜利,赢得民族独立和人民解放,作出了不可磨灭的历史性贡献。

在新民主主义革命时期,在战争年代,需要战略思维、战略远见和战略定力,在社会主义建设时期,在改革开放年代,同样需要战略思维、战略远见和战略定力。我们要坚持和发展中国特色社会主义,建设社会主义现代化强国,实现中华民族伟大复兴,也是一个立足当前、放眼长远的分阶段有步骤推进的过程。

邓小平根据我国的实际情况,提出了“三步走”的经济发展战略。第一步,在 20 世纪 80 年代人均国民生产总值翻一番,1980 年的人均国民生产总值是 250 美元,翻一番,达到 500 美元。第二步,到 20 世纪末,再翻一番,人均达到 1000 美元,实现这个目标,意味着我们进入小康社会,把贫困的中国变成小康的中国。第三步,是在 21 世纪,用 30 年到 50 年再翻两番,大体上达到人均 4000 美元。做到这一步,中国就达到中等发达国家的水平。

党的十三大根据邓小平的这个战略构想,指出我国经济建设的战略部署大体上分三步走。第一步,实现国民生产总值比 1980 年翻一番,解决人民的温饱问题;第二步,到 20 世纪末,再翻一番,人民生活达到小康水平;第三步,到 21 世纪中叶,再翻两番,达到中等发达国家水平。经过全党和全国各族人民的共同努力,我国于 1995 年提前 5 年实现国民生产总值比 1980 年翻两番,人均国民生产总值提前 3 年于 1997 年实现了比 1980 年翻两番,胜利实现了现代化建设“三步走”战略的第一步、第二步目标,人民生活总体上达到小康水平。

在这个基础上,党的十六大提出到建党一百年时建成经济更加发展、民主更加健全、科教更加进步、文化更加繁荣、社会更加和谐、人民生活更加殷实的小康社会,然后再奋斗 30 年,到新中国成立一百年时,基本实现现代化,把我国建成社会主义现代化国家。

党的十七大在十六大确立的全面建设小康社会目标的基础上对我国发展提出新的更高要求:增强发展协调性,努力实现经济又好又快发展;扩大社会主义民主,更好保障人民权益和社会公平正义;加强文化建设,明显提高全民族文明素质;加快发展社会事业,全面改善人民生活;建设生态文明,基本形成节约能源资源和保护生态环境的产业结构、增长方式、消费模式。并且展望说,到2020年全面建成小康社会目标实现之时,我们这个历史悠久的文明古国和发展中社会主义大国,将成为工业化基本实现、综合国力显著增强、国内市场总体规模位居世界前列的国家,成为人民富裕程度普遍提高、生活质量明显改善、生态环境良好的国家,成为人民享有更加充分民主权利、具有更高文明素质和精神追求的国家,成为各方面制度更加完善、社会更加充满活力而又安定团结的国家,成为对外更加开放、更加具有亲和力、为人类文明作出更大贡献的国家。

党的十八大根据我国经济社会发展实际,提出要在十六大、十七大确立的全面建设小康社会目标的基础上努力实现新的要求:经济持续健康发展,人民民主不断扩大,文化软实力显著增强,人民生活水平全面提高,资源节约型、环境友好型社会建设取得重大进展。从党的十六大提出在21世纪头20年全面建设惠及全国十几亿人口的更高水平的小康社会,我们党几届中央领导集体紧紧扭住这个奋斗目标而接续奋斗,我国经济总量由改革开放之初排名世界第十一位,到2009年超过日本居世界第二位。

党的十八大以来的这5年,我国经济保持中高速增长,在世界主要国家中名列前茅,国内生产总值从54万亿元增长到80万亿元,稳居世界第二,对世界经济增长贡献率超过30%。在推进全面建成小康社会的过程中,习近平总书记提出:全面建成小康社会,要全面覆盖所有领域、人口、区域,到2020年全国13亿多人口要整体进入全面小康社会,决不能落下一个贫困地区、一个贫困群众。经过十八大以来5年的积极工作,全国范围力度空前的脱真贫、真脱贫的脱贫攻坚战取得决定性进展,全国6000多万贫困人口稳定脱贫,贫困发生率从10.2%下降到4%以下。

党的十九大对决胜全面建成小康社会提出了新要求。指出要按照十六大、十七大、十八大提出的全面建成小康社会各项要求,紧扣我国社会主要矛盾变化,统筹推进经济建设、政治建设、文化建设、社会建设、生态文明建设,坚定实施科教兴国战略、人才强国战略、创新驱动发展战略、乡村振兴战略、区域协调发展战略、可持续发展战略、军民融合发展战略,突出抓重点、补短板、强弱项,特别是要坚决打好防范化解重大风险、精准脱贫、污染防治的攻坚战,使全面建成小康社会得到人民认可、经得起历史检验。"五大建设"、"七大战略"、"三大攻坚战",以及"抓重点、补短板、强弱项","得到全国人民认可、经得起历史检验",是按照全面建成小康社会的各项要求、根据决胜全面建成小康社会的实际状况提出来的,具有很强的现实针对性和全局指导性。

从党的十九大到二十大,是"两个一百年"奋斗目标的历史交汇期。我们既要全面建成小康社会,实现第一个百年奋斗目标;又要乘势而上,开启全面建设社会主义现代化国家新征程,向第二个百年奋斗目标进军。前者是后者的必要前提,后者是前者的必然趋势。只有坚决打赢决胜全面建成小康社会这场攻坚战,才能为新时代党和国家事业开启新征程、续写新篇章奠定坚实基础。

为激励全党全国各族人民到2020年如期全面建成小康社会之后、乘势而上开启全面建设社会主义现代化国家新征程,向第二个百年奋斗目标进军,党的十九大综合分析国际国内形势和我国发展条件,作出了从2020年到本世纪中叶分两个阶段来安排的顶层设计,并确定了相应的奋斗目标。

第一个阶段，从2020年到2035年，在全面建成小康社会的基础上，再奋斗15年，基本实现社会主义现代化。到那时，我国经济实力、科技实力将大幅跃升，跻身创新型国家前列；人民平等参与、平等发展权利得到充分保障，法治国家、法治政府、法治社会基本建成，各方面制度更加完善，国家治理体系和治理能力现代化基本实现；社会文明程度达到新的高度，国家文化软实力显著增强，中华文化影响更加广泛深入；人民生活更为宽裕，中等收入群体比例明显提高，城乡区域发展差距和居民生活水平差距显著缩小，基本公共服务均等化基本实现，全体人民共同富裕迈出坚实步伐；现代社会治理格局基本形成，社会充满活力又和谐有序；生态环境根本好转，美丽中国目标基本实现。

第二个阶段，从2035年到本世纪中叶，在基本实现现代化的基础上，再奋斗15年，把我国建成富强民主文明和谐美丽的社会主义现代化强国。

按照全面建设社会主义现代化国家分“两步走”的战略安排，从2020年到2035年，我国将基本实现社会主义现代化，这就意味着我们党原先确定的第二个百年奋斗目标将提前15年实现；从2035年到本世纪中叶，原来确定的第二个百年奋斗目标将升格为“把我国建成富强民主文明和谐美丽的社会主义现代化强国”。到那时，我国物质文明、政治文明、精神文明、社会文明、生态文明将全面提升，实现国家治理体系和治理能力现代化，成为综合国力和国际影响力领先的国家，全体人民共同富裕基本实现，我国人民将享有更加幸福安康的生活，中华民族将以更加昂扬的姿态屹立于世界民族之林。

改革开放40年来，我们党团结带领全国各族人民坚定不移走中国特色社会主义道路，开拓创新，不懈奋斗，推动我国经济实力、科技实力、国防实力、综合国力进入世界前列，推动我国国际地位实现前所未有的提升。经过长期努力，中国特色社会主义进入了新时代。

这一历史性变革“意味着近代以来久经磨难的中华民族迎来了从站起来、富起来到强起来的伟大飞跃，迎来了实现中华民族伟大复兴的光明前景；意味着科学社会主义在二十一世纪的中国焕发出强大生机活力，在世界上高高举起了中国特色社会主义伟大旗帜；意味着中国特色社会主义道路、理论、制度、文化不断发展，拓展了发展中国家走向现代化的途径，给世界上那些既希望加快发展又希望保持自身独立性的国家和民族提供了全新选择，为解决人类问题贡献了中国智慧和中国方案。”“这个新时代，是承前启后、继往开来、在新的历史条件下继续夺取中国特色社会主义伟大胜利的时代，是决胜全面建成小康社会、进而全面建设社会主义现代化强国的时代，是全国各族人民团结奋斗、不断创造美好生活、逐步实现全体人民共同富裕的时代，是全体中华儿女勠力同心、奋力实现中华民族伟大复兴中国梦的时代，是我国日益走近世界舞台中央、不断为人类作出更大贡献的时代。”①

在中国特色社会主义新时代，我国社会主要矛盾已经转化为人民日益增长的美好生活需要和不平衡不充分的发展之间的矛盾。人民美好生活需要日益广泛，不仅对物质文化生活提出了更高要求，而且在民主、法治、公平、正义、安全、环境等方面的要求日益增长。同时，我国社会生产力水平总体上显著提高，社会生产能力在很多方面进入世界前列，更加突出的问题是发展不平衡不充分，这已经成为满足人民日益增长的美好生活需要的主要制约因素。主要矛盾决定根本任务，历史方位决定基本方略。我国社会主要矛盾的变化是关系全局的历史性变化，对党和国家工作提出了许多新要求。我们要在继续推动发展的基础上，着力解决好发展不平衡不充分问题，大力提

① 习近平：《决胜全面建成小康社会　夺取新时代中国特色社会主义伟大胜利——在中国共产党第十九次全国代表大会上的报告》，人民出版社 2017 年版，第 10—11 页。

升发展质量和效益，更好满足人民在经济、政治、文化、社会、生态等方面日益增长的需要，更好推动人的全面发展、社会全面进步。

同时，我们也要认识到，在中国特色社会主义新时代，我国社会主要矛盾是转化了、变化了，出现了一些新的情况新的特点，而不是根本转变了。我国社会主要矛盾的变化并未改变我们对我国社会主义所处历史阶段的判断，我国仍处于并将长期处于社会主义初级阶段的基本国情没有变，我国是世界最大发展中国家的国际地位没有变。全党要牢牢把握社会主义初级阶段这个基本国情，牢牢立足社会主义初级阶段这个最大实际，牢牢坚持党的基本路线这个党和国家的生命线、人民的幸福线，领导和团结全国各族人民，以经济建设为中心，坚持四项基本原则，坚持改革开放，自力更生，艰苦创业，为把我国建设成为富强民主文明和谐美丽的社会主义现代化强国而奋斗。

党的十九大作出了新的两步走、两个阶段的战略安排，明确了全面建成社会主义现代化强国的路线图和时间表，擘画了坚持和发展中国特色社会主义、建设社会主义现代化强国、实现中华民族民族伟大复兴的战略目标和战略道路。我们要有深邃的战略远见、坚定的战略定力、充分的战略信心、坚强的战略意志，立足社会主义初级阶段基本国情，坚持党在社会主义初级阶段的基本路线，增强中国特色社会主义道路自信、理论自信、制度自信、文化自信，努力推进发展、深化改革、扩大开放，韧性作战，久久为功，稳步推进中国特色社会主义伟大事业，为实现中华民族伟大复兴的中国梦接续奋斗、不懈奋斗。

（三）运用价值思维，始终坚持正确的前进方向

毛泽东在《论持久战》中指出，中国人民的抗日战争是为了中华民族的独立和中国人民的解放而战，是为了消灭法西斯、实现世界永久和平而战，在战役和战斗中，是为了消灭敌人、保存自己而战，体现

了一种鲜明的价值思维和价值取向。为了实现这样的价值取向，在战略防御、战略相持、战略反攻阶段，要采取不同的战略战术。

在中国特色社会主义新时代，也必须坚持和贯彻正确的价值观。只有这样，我们的事业才能得到人民衷心的拥护和支持，我们党才能获得不竭的动力源泉。党的十九大报告指出，“新时代中国特色社会主义思想，明确坚持和发展中国特色社会主义，总任务是实现社会主义现代化和中华民族伟大复兴，在全面建成小康社会的基础上，分两步走在本世纪中叶建成富强民主文明和谐美丽的社会主义现代化强国”①。坚持和发展中国特色社会主义，建设社会主义现代化强国，实现国家富强、民族振兴、人民幸福的中华民族伟大复兴的中国梦，是新时代中国特色社会主义的总体价值目标。追求和实现这一价值目标，关系到中华民族和中国人民生存发展的根本利益，在新时代中国特色社会主义价值系统中具有根本性、主导性的地位和作用。

实现中华民族伟大复兴，是近代以来中华民族最伟大的梦想。中国共产党一经成立，就肩负起为中国人民谋幸福、为中华民族谋复兴的历史使命，以马克思主义为指导，艰辛探索争取民族独立、人民解放和国家富强、人民幸福的道路，团结带领人民进行了艰苦卓绝的斗争，取得了新民主主义革命和社会主义革命的胜利，建立了新中国，确立了社会主义基本制度，进行大规模社会主义建设，实行改革开放，开辟了中国特色社会主义道路，取得了举世瞩目的巨大成就，展现了中华民族伟大复兴的光明前景。中国特色社会主义顺应了时代进步潮流，遵循了社会发展规律，承载了中国共产党人的理想追求，寄托了人民的共同意愿，是当代中国发展进步的必由之路。在当代中国，只有高举中国特色社会主义伟大旗帜，坚持和发展中国特色

---

① 习近平：《决胜全面建成小康社会　夺取新时代中国特色社会主义伟大胜利——在中国共产党第十九次全国代表大会上的报告》，人民出版社 2017 年版，第 19 页。

社会主义，我们党才能团结带领全党全国各族人民，建设富强民主文明和谐美丽的社会主义现代化强国，实现中华民族伟大复兴的中国梦。

新时代中国特色社会主义的总体价值目标，是通过经济、政治、文化、社会、生态等多维价值取向以及国家与人民利益这一最高价值取向来体现和实现的。价值作为价值主体和价值客体之间的一种效用关系，与人的生存发展的需要、利益、愿望、要求密切相关。人的需要的丰富多样性与社会历史性，决定着价值的多维性及其随着社会与人的发展而发展的变动性、上升性、延展性。经过长期的努力，中国特色社会主义进入新时代，我国社会主要矛盾已经转化为人民日益增长的美好生活需要和不平衡不充分的发展之间的矛盾。人民美好生活需要日益广泛，不仅对物质文化生活提出了更高要求，而且在民主、法治、公平、正义、安全、环境等方面的要求日益增长。适应我国社会主要矛盾的新变化，就要在继续推动发展的基础上，着力解决好发展不平衡不充分问题，大力提升发展质量和效益，更好满足人民在经济、政治、文化、社会、生态等方面日益增长的需要，更好推动人的全面发展、社会全面进步，追求和实现新时代中国特色社会主义的经济价值、制度价值、文化价值、社会价值、生态价值以及国家富强、民族振兴、人民幸福的最高价值。

坚持、实现新时代中国特色社会主义的经济价值取向。物质生产是人类社会存在和发展的基础，经济发展是解决我国一切问题的关键，中国特色社会主义需要有发达的生产力、充满活力的经济、强大的物质力量做支撑。在新时代坚持和发展中国特色社会主义根本的任务和价值取向，就是坚持以经济建设为中心，坚定不移地全面深化改革，促进社会主义现代化建设的各个环节、各个方面相协调，促进生产关系与生产力、上层建筑与经济基础相协调，极大地解放和发展社会生产力，让一切劳动、知识、技术、管理、资本等要素的活力竞相进发，让一切创造社会财富的源泉充分涌流，实现经济持续健康发展，为坚持和发展中国特色社会主义、改善和普惠民生奠定坚实的物质基础。

坚持、实现新时代中国特色社会主义的制度价值取向。制度与人的各种需要之间的效用关系，是一种制度性的价值。制度向人们所展现的，应当是效率、自由、平等、民主、公正、法治等价值指向。人民民主是社会主义的生命，是中国特色社会主义的本质要求，是广大人民的基本权利。法治是坚持和发展中国特色社会主义、实现国家治理体系和治理能力现代化、维护社会稳定有序、保障人民各项权益、实现国家长治久安的可靠保障。民主与法治在制度价值中具有根本性、决定性的意义与价值，没有民主与法治，效率、自由、平等、公正等价值的实现，就无从谈起。发展社会主义民主政治，坚持党的领导、人民当家作主、依法治国有机统一，充分保障人民当家作主的民主权利，实现好、维护好、发展好最广大人民的根本利益，是我国民主与法治建设的根本出发点和落脚点。

坚持、实现新时代中国特色社会主义的文化价值取向。文化兴则国运兴，文化强则民族强。国家经济发达、富足强盛，百姓才能安居乐业、精神向上；国家文化发展繁荣，人民精神振奋，社会才能充满活力、和谐稳定。发展先进文化，建设精神文明，既是发展社会生产力、创造更多社会财富的需要，也是丰富人民精神世界、增强人们精神力量、提升人民整体素质、促进人的全面发展的需要。我们党大力倡导和弘扬以爱国主义为核心的民族精神和以改革创新为核心的时代精神，坚持中国特色社会主义共同理想和共产主义远大理想，积极培育和践行社会主义核心价值观；创造转换和创新发展传统文化，使之与新的时代、新的事业、新的生活有机结合，引导人们向往和追求讲道德、尊道德、守道德的生活，形成向上向善的力量。

坚持、实现新时代中国特色社会主义的社会价值取向。坚持和发展中国特色社会主义,必须以公平正义、共享共富为社会价值取向,保证人民平等参与、平等发展权利,使全体社会成员公平地获得发展与发挥自己主体能力的机会,公平地享有经济社会发展的成果;必须走共同富裕道路,坚持社会主义基本经济制度和分配制度,调整国民收入分配格局,加大再分配调节力度,着力解决收入分配差距较大问题,使发展成果更多更公平惠及全体人民。要把促进社会公平正义、增进人民福祉作为一面镜子,审视我们各方面的体制机制和政策规定,使我们的制度安排更好体现社会主义公平正义原则,更加有利于实现好、维护好、发展好最广大人民根本利益。

坚持、实现新时代中国特色社会主义的生态价值取向。马克思说,“人本身是自然界的产物,是在他们的环境中并且和这个环境一起发展起来的”①。习近平指出:“人与自然是生命共同体,人类必须尊重自然、顺应自然、保护自然。”“我们要建设的现代化是人与自然和谐共生的现代化,既要创造更多物质财富和精神财富以满足人民日益增长的美好生活需要,也要提供更多优质生态产品以满足人民日益增长的优美生态环境需要。”②要确立人与自然和谐共生的价值取向,坚持节约资源和保护环境的基本国策,形成节约资源和保护环境的空间格局、产业结构、生产方式、生活方式,还自然以宁静、和谐、美丽,坚定走生产发展、生活富裕、生态良好的文明发展道路,实现人与自然和谐共生、经济社会永续发展。

坚持、实现新时代中国特色社会主义的最高价值取向。坚持国家至上、以人民为中心,坚决维护国家主权、安全、发展利益,坚决依靠人民创造历史伟业和美好生活,实现国家富强、民族复兴、人民幸

① 《马克思恩格斯全集》第20卷,人民出版社1971年版,第38—39页。

② 习近平:《决胜全面建成小康社会 夺取新时代中国特色社会主义伟大胜利——在中国共产党第十九次全国代表大会上的报告》,人民出版社2017年版,第50页。

福的中国梦，是新时代中国特色社会主义的最高价值取向。国家是人民幸福生活的母体，国家利益是人民的根本利益。国家主权，国家安全，领土完整，国家统一，中国宪法确立的国家政治制度和社会大局稳定，经济社会可持续发展的基本保障，是国家的核心利益。坚决维护国家核心利益，是中国特色社会主义的根本前提。人民是中国特色社会主义的实践主体和价值主体。坚持以人民为中心，就是始终把人民立场作为根本立场，把为人民谋幸福作为根本使命，牢记全心全意为人民服务根本宗旨，尊重人民主体地位和首创精神，贯彻好群众观点和群众路线，把人民作为党的执政之基和力量源泉，把人民对美好生活的向往作为奋斗目标，依靠人民创造历史伟业，不断实现好、维护好、发展好最广大人民根本利益，促进和实现人的全面发展。

坚持和发展中国特色社会主义，实现国家富强、民族振兴、人民幸福的中国梦，实现中国特色社会主义多维价值和最高价值，要靠持续发展、深化改革、依法治国，靠全面加强党的领导和党的建设。

第一，坚定不移继续推动发展。在中国特色社会主义新时代，面对我国社会主要矛盾的新变化，必须坚定不移把发展作为党执政兴国的第一要务，在继续推动发展的基础上，着力解决好发展不平衡不充分问题，大力提升发展质量和效益，更好满足人民群众日益增长的美好生活需要，更好推动社会全面进步和人的全面发展，在全面建成小康社会的基础上，开启社会主义现代化建设新征程。要加强经济建设，加大结构性改革力度，加快转变经济发展方式，实现更高质量、更有效率、更加公平、更可持续的发展。要加强民主政治建设，毫不动摇地走中国特色社会主义政治发展道路，推进社会主义民主政治制度化、规范化、法治化、程序化，扩大人民群众有序政治参与，保证人民依法通过各种途径和形式管理国家事务，管理经济文化事业，管理社会事务，巩固和发展生动活泼、安定团结的政治局面。要加强文化建设，积极培育和践行社会主义核心价值观，创造性转换创新性发展中华文明,繁荣发展社会主义文艺,推动文化事业和文化产业发展,为人民提供丰富的精神食粮,提高人民思想觉悟、道德水准、文明素养。要加强社会建设,以保障和改善民生为重点,发展各项社会事业,加大收入分配调节力度,在发展中补齐民生短板、促进社会公平正义,保证全体人民在共建共享发展中有更多获得感,不断促进人的全面发展、全体人民共同富裕。要加强生态文明建设,坚持实现人与自然和谐共生,树立和践行绿水青山就是金山银山的理念,尊重自然、顺应自然、保护自然,更加自觉地推动绿色发展、循环发展、低碳发展,形成绿色发展方式和生活方式,坚定走生产发展、生活富裕、生态良好的文明发展道路,建设美丽中国,使人民群众世世代代在良好的生态环境中生产生活。

第二,坚定不移全面深化改革。改革开放是当代中国发展进步的活力之源。只有社会主义才能救中国,只有改革开放才能发展中国、发展社会主义、发展马克思主义。必须坚持和完善中国特色社会主义制度,不断推进国家治理体系和治理能力现代化,坚决破除一切不合时宜的思想观念和体制机制弊端,突破利益固化的藩篱,吸收人类文明有益成果,构建系统完备、科学规范、运行有效的制度体系,充分发挥我国社会主义制度优越性,为我国经济社会发展提供不竭动力与可靠保障。

第三,坚定不移全面依法治国。要坚持党的领导、人民当家作主、依法治国有机统一,坚定不移走中国特色社会主义法治道路,坚持依法治国、依法执政、依法行政共同推进,坚持法治国家、法治政府、法治社会一体建设,实现科学立法、严格执法、公正司法、全民守法,坚决维护宪法法律权威,依法维护人民权益、维护社会公平正义、维护国家安全稳定。

第四,坚定不移全面从严治党。中国共产党是中国特色社会主义事业的领导核心。在中国特色社会主义新时代,我们党要团结带领人民进行伟大斗争、推进伟大事业、实现伟大梦想,必须坚定不移全面从严治党,不断增强党的政治领导力、思想引领力、群众组织力、社会号召力,不断提高党把方向、谋大局、定政策、促改革的能力和定力,不断提高党的执政能力和领导水平,确保我们党永葆旺盛生命力和强大战斗力,确保党始终总揽全局、协调各方。

(四) 运用主体思维,凝聚力量不懈奋斗

党的十九大报告指出:“不忘初心,方得始终。中国共产党人的初心和使命,就是为中国人民谋幸福,为中华民族谋复兴。这个初心和使命是激励中国共产党人不断前进的根本动力。”①在中国特色社会主义新时代,中国共产党人将继续秉持这一初心和使命,领导人民不懈奋斗,决胜全面建成小康社会,基本实现社会主义现代化,建设富强民主文明和谐美丽的社会主义现代化强国,朝着实现中华民族伟大复兴的宏伟目标不断前进。

要坚持人民立场。人民群众是历史的创造者,群众是真正的英雄。中国共产党人的根本政治立场就是人民立场,即坚持一切为了人民、一切依靠人民,把人民放在心中最高位置,坚持全心全意为人民服务,不断实现好、维护好、发展好最广大人民的根本利益。

中国共产党把马克思主义创造性地运用于领导中国革命和建设,总结中国革命和建设实践经验,形成了我们党在一切工作中的群众观点和群众路线。群众观点,包括全心全意为人民服务的观点、相信群众自己解放自己的观点、向人民群众学习的观点、干部的权力是人民赋予的观点、对党负责和对人民负责相一致的观点、党既要依靠群众又要教育群众的观点。群众路线,就是一切为了群众、一切依靠

---

① 习近平:《决胜全面建成小康社会 夺取新时代中国特色社会主义伟大胜利——在中国共产党第十九次全国代表大会上的报告》,人民出版社 2017 年版,第 1 页。

群众、从群众中来、到群众中去。

一切为了群众，表明人民群众是价值主体，全心全意为人民服务是党的根本宗旨。我们党与人民群众血脉相连、呼吸相通，代表人民群众利益，反映人民群众诉求，关心人民群众疾苦，致力于制定和实行正确的路线、方针和政策，最大限度地调动人民群众的历史主动性和积极性，为了实现人民利益、保障人民群众的经济、政治、文化、社会等各项权利而进行不懈的斗争，并把最广大人民群众的根本利益作为一切工作的出发点和落脚点，作为一种根本的价值取向。毛泽东说："共产党人的一切言论行动，必须以合乎最广大人民群众的最大利益，为最广大人民群众所拥护为最高标准。"①习近平在庆祝中国共产党成立 95 周年的讲话中指出："全党同志要把人民放在心中最高位置，坚持全心全意为人民服务的根本宗旨，实现好、维护好、发展好最广大人民根本利益，把人民拥护不拥护、赞成不赞成、高兴不高兴、答应不答应作为衡量一切工作得失的根本标准，使我们党始终拥有不竭的力量源泉。"②带领人民创造幸福生活，是我们党始终不渝的奋斗目标。我们要顺应人民群众对美好生活的向往，坚持以人民为中心的发展思想，保证人民平等参与、平等发展权利，使改革发展成果更多更公平惠及全体人民，朝着实现全体人民共同富裕的目标稳步迈进。

一切依靠群众，表明人民群众是实践主体，是推动社会发展的决定性力量。社会历史发展的规律和趋势，就蕴藏和体现在人民群众的利益、意志、愿望和要求之中，蕴藏在和体现在人民群众创造历史的活动之中。尊重人民主体地位，保证人民当家作主，是我们党的一贯主张。我们要切实尊重人民群众，紧紧依靠人民群众，最充分地调

① 《毛泽东选集》第 3 卷，人民出版社 1991 年版，第 1096 页。

② 习近平：《在庆祝中国共产党成立 95 周年大会上的讲话》，《人民日报》2016 年 7 月 2 日。

动人民群众的积极性、主动性和创造性，最大限度地集中全社会全民族的智慧和力量，最广泛地动员和组织亿万群众投身中国特色社会主义伟大事业。

为了做到一切为了群众、一切依靠群众，必须采取从群众中来、到群众中去的领导方法。毛泽东指出："在我党的一切实际工作中，凡属正确的领导，必须是从群众中来，到群众中去。这就是说，将群众的意见（分散的无系统的意见）集中起来（经过研究，化为集中的系统的意见），又到群众中去作宣传解释，化为群众的意见，使群众坚持下去，见之于行动，并在群众行动中考验这些意见是否正确。然后再从群众中集中起来，再到群众中坚持下去。如此无限循环，一次比一次地更正确、更生动、更丰富。这就是马克思主义认识论。"① "从群众中来"，就是要问政于民、问需于民、问计于民，总结群众实践经验，集中群众聪明才智，反映群众利益诉求，了解群众生产和生活中的实际问题，并在此基础上进行分析和综合、抽象和概括，将分散的无系统的意见整合为集中而系统的意见，提出计划、方针和办法，这是一个向群众学习的过程，也是一个概括、提炼和创造的过程。"到群众中去"，就是宣传群众，使领导意见以及方针政策、措施办法为群众所理解，变为群众的自觉行动，并在群众实践中检验其是否正确。实践证明是正确的，能够给群众带来利益的，受到群众拥护的，就坚持下去；实践证明是错误的，损害群众利益的，受到群众反对的，就坚决纠正。同时，还要根据新的实践所取得的新鲜经验，使领导意见进一步得到丰富和发展，使方针和政策不断得以完善。

在中国特色社会主义新时代，要高扬人民主体地位，坚持以人民为中心。马克思主义高度重视人在社会发展中的价值主体地位和根本动力作用。人是发展的前提。"全部人类历史的第一个前提无疑

---

① 《毛泽东选集》第 3 卷，人民出版社 1991 年版，第 899 页。

是有生命的个人的存在”,[①]整个世界历史不过是人通过人的劳动而诞生的过程。“‘历史’并不是把人当作达到自己目的的工具来利用的某种特殊的人格。历史不过是追求着自己目的的人的活动而已。”[②]人是发展的动力。人是创造社会财富的过程中唯一能动的因素,一切社会财富都是人的本质力量的对象化,都是人的主体力量的创造性成果。人民是社会财富的创造者,是社会变革的决定性力量。人是发展的目的。经济社会发展是人的发展的手段,人的发展则是经济社会发展的目的。人的多层次需要的满足,人的各种潜能的发挥,人的整体素质的提高,人的自由全面发展,是发展所应追求的最高价值。以人作为发展的最高价值取向,不仅是指社会个体多方面需要的满足和多层级价值的实现,而且是指多极主体需要的满足和价值的实现。在当代中国,一方面,人民是价值主体,实现好、维护好、发展好最广大人民的根本利益是发展的根本目的,人民对于美好生活的向往是发展所追求的目标,必须把提高发展质量、增进人民福祉、不断满足人民日益增长的美好生活需要,促进人的全面发展作为出发点和落脚点,使全体人民在共建共享发展中有更多获得感。另一方面,人民是实践主体,是推动改革与发展的根本力量,必须充分调动广大人民群众的积极性、主动性和创造性,切实发挥人民群众在改革与发展中的根本性作用。要切实尊重人民群众的首创精神,为了人民搞改革,依靠人民深化改革。90 多年来,我们党团结带领人民取得了新民主主义革命、社会主义革命、社会主义建设以及改革开放的伟大成就,创造了中华民族发展史上的伟大奇迹,靠的是始终坚持群众观点和群众路线,把全心全意为人民服务作为根本宗旨,把紧紧依靠最广大人民群众作为永不枯竭的力量源泉。中国共产党领导

---

① 《马克思恩格斯选集》第 1 卷,人民出版社 2012 年版,第 146 页。

② 《马克思恩格斯全集》第 2 卷,人民出版社 1957 年版,第 118—119 页。

革命、建设和改革，都是为了人民群众，也是紧紧依靠人民群众取得胜利和成功的。什么时候我们真正做到了一切为了群众和一切依靠群众，我们的事业就发展、就成功；什么时候违背了群众的意愿，失去了群众的拥护，我们的事业就会遭受挫折和失败。在全面深化改革的过程中，要始终坚持人民群众的价值主体地位，把人民群众放在最高位置，把人民利益作为最高利益，把人民对美好生活的向往作为党的奋斗目标。要多谋民生之利，多解民生之忧，在幼有所育、学有所教、劳有所得、病有所医、老有所养、住有所居、弱有所扶上持续取得新进展。要始终坚持人民群众的实践主体地位，尊重人民群众的首创精神，充分发挥人民群众的积极性、主动性和创造性，从人民群众的经验智慧中寻求改革的思路、措施、办法，在向人民群众学习请教、问计问需问政的过程中增强谋划改革、领导改革、推进改革的智慧与本领，寻找深化改革、破解矛盾与难题的办法。改革开放是亿万人民自己的事业，改革开放的经验创造、政策制定、制度安排，无不来自人民群众的实践与智慧。在深化改革的过程中，要紧紧依靠人民群众，汲取人民群众的智慧，凝聚人民群众的力量，善于通过提出和贯彻正确的路线方针政策带领人民群众前进；要尊重地方、基层、群众的首创精神，鼓励地方、基层、群众大胆探索、先行先试，善于从人民群众的实践创造和发展要求中完善政策主张，自觉在人民群众实践中检验、评判改革的成效，使改革开放成为广大人民群众广泛参与、普遍受益的过程，使改革发展成果更多更公平地惠及全体人民，不断为深化改革开放夯实群众基础。推进发展、深化改革，需要激发人民参与改革的热情，鼓励群众的首创精神，释放创新创造创业的活力；防范化解重大风险、精准脱贫和污染防治，也需要充分动员人民积极参与。人民群众是中国共产党的执政基础和力量源泉，是坚持和发展中国特色社会主义的根本动力。只有信仰人民、为了人民、依靠人民、动员人民、组织人民、引导人民，才能凝聚起强大的力量，焕发出中华民族伟大复兴的强大动力。

要坚持不懈奋斗。自强不息、不懈奋斗是中华民族的优秀文化传统,坚定信念、不懈奋斗是中国共产党人领导人民创造历史伟业的精神品格。中华民族有五千多年的文明历史,创造了灿烂的中华文明,为人类作出了卓越贡献,成为世界上伟大的民族。鸦片战争后,中国陷入内忧外患的黑暗境地,中国人民经历了战乱频仍、山河破碎、民不聊生的深重苦难。求得民族独立和人民解放,实现国家富强和人民富裕,成为近代中国的两大历史任务。实现中华民族伟大复兴,是近代以来中华民族最伟大的梦想。从 19 世纪 40 年代开始,中国人民反抗外敌侵略的斗争如火如荼,如抗击英国侵略者的斗争、中法战争、甲午战争、义和团运动;同时,洋务运动、戊戌变法、辛亥革命轮番登场。但抗击外敌侵略的历次斗争都没有成功;洋务运动一败涂地;戊戌变法短命夭折,辛亥革命推翻了封建帝制,建立了中华民国,为中国日后的进步发展打开了闸门,但没有改变中国半殖民地半封建社会的性质;向西方资产阶级寻求的所谓真理也不合中国之用,国家日益衰败危险,人民日益痛苦贫困。为了民族复兴,无数仁人志士不屈不挠、前仆后继,进行了可歌可泣的斗争,进行了各式各样的尝试,但终究未能改变旧中国的社会性质和中国人民的悲惨命运。近现代中国沉痛的历史经验告诉人们:中国的封建统治阶级、农民阶级、资产阶级的努力、斗争和革命解决不了中国的历史主题。要完成近代中国的两大任务,必须寻求新的理论,组织新的力量,探索新的道路。

1917 年俄国的十月革命,在帝国主义战争中开辟了世界社会主义革命新时代;1919 年的五四运动,在半殖民地半封建社会的中国开辟了民主主义革命的新时期。马克思主义与中国工人运动相结合,催发了中国共产党的诞生。中国共产党一经成立,就把实现共产主义作为最高理想和最终目标,义无反顾地肩负起实现中华民族伟大复兴的历史使命，把马克思主义与中国实际相结合，找到了一条以农村包围城市、武装夺取政权的正确革命道路，团结带领人民进行了艰苦卓绝的斗争，完成了新民主主义革命，推翻了压在中国人民头上的帝国主义、封建主义、官僚资本主义三座大山，建立了中华人民共和国，实现了中国从几千年封建专制政治向人民民主的伟大飞跃，实现了民族独立、人民解放、国家统一、社会稳定；为了实现中华民族伟大复兴，我们党团结带领人民完成社会主义革命，确立了符合我们实际的社会主义基本制度，推进社会主义建设，完成了中华民族有史以来最为广泛而深刻的社会变革，为当代中国一切发展进步奠定了根本政治前提和制度基础，实现了中华民族由近代不断衰落到根本扭转命运、持续走向繁荣富强的伟大飞跃；为了实现中华民族伟大复兴，我们党顺应时代潮流和人民意愿，团结带领人民进行改革开放新的伟大革命，破除阻碍国家和民族发展的一切思想和体制障碍，开辟了中国特色社会主义道路，使中国大踏步赶上时代。

习近平指出："中华民族伟大复兴，绝不是轻轻松松、敲锣打鼓就能实现的。"①中国共产党人在为中国人民谋幸福、为中华民族谋复兴的初心和使命的激励驱动下，带领人民不懈奋斗、不断前进，历经千难万险，付出巨大牺牲，敢于面对曲折，敢于修正错误，攻克了一个又一个难关，赢得了革命、建设和改革发展的巨大成就，创造了彪炳史册的人间奇迹。今天，我们比历史上任何时期都更接近、更有信心和能力实现中华民族伟大复兴的目标。在新的时代条件下，中国共产党人要不忘初心，牢记使命，永远与人民同呼吸、共命运、心连心，永远把人民对美好生活的向往作为奋斗目标，以永不懈怠的精神状态和一往无前的奋斗姿态，付出更为艰巨、更为艰苦的努力，夺取

① 习近平：《决胜全面建成小康社会　夺取新时代中国特色社会主义伟大胜利——在中国共产党第十九次全国代表大会上的报告》，人民出版社 2017 年版，第 15 页。

新时代中国特色社会主义伟大胜利，为实现中华民族伟大复兴的中国梦不懈奋斗。

实现伟大梦想，必须进行伟大斗争。习近平在党的十九大报告中指出："我们党要团结带领人民有效应对重大挑战、抵御重大风险、克服重大阻力、解决重大矛盾，必须进行具有许多新的历史特点的伟大斗争，任何贪图享受、消极懈怠、回避矛盾的思想和行为都是错误的。"①全党要更加自觉地坚持党的领导和我国社会主义制度，坚决反对一切削弱、歪曲、否定党的领导和我国社会主义制度的言行；更加自觉地维护人民利益，坚决反对一切损害人民利益、脱离群众的行为；更加自觉地投身改革创新时代潮流，坚决破除一切顽瘴痼疾；更加自觉地维护我国主权、安全、发展利益，坚决反对一切分裂祖国、破坏民族团结和社会和谐稳定的行为；更加自觉地防范各种风险，坚决战胜一切在政治、经济、文化、社会、生态等领域和自然界出现的困难和挑战。全党要充分认识这场伟大斗争的长期性、复杂性、艰巨性，发扬斗争精神，提高斗争本领，不断夺取伟大斗争新胜利。

实现伟大梦想，必须建设伟大工程。这个伟大工程就是我们党正在深入推进的党的建设新的伟大工程。没有中国共产党，就没有新中国；没有中国共产党，就没有中华民族的伟大复兴。我们党要始终成为时代先锋、民族脊梁，始终成为马克思主义执政党，就必须深入推进的党的建设新的伟大工程，不断增强党的政治领导力、思想引领力、群众组织力、社会号召力，确保我们党永葆旺盛生命力和强大战斗力。

实现伟大梦想，必须推进伟大事业。中国特色社会主义是改革开放以来党的全部理论和实践的主题，是党和人民历尽千辛万苦、付

---

① 习近平：《决胜全面建成小康社会 夺取新时代中国特色社会主义伟大胜利——在中国共产党第十九次全国代表大会上的报告》，人民出版社 2017 年版，第 15 页。

出巨大代价取得的根本成就。中国特色社会主义道路是实现社会主义现代化、创造人民美好生活的必由之路，中国特色社会主义理论体系是指导党和人民实现中华民族伟大复兴的正确理论，中国特色社会主义制度是当代中国发展进步的根本制度保障，中国特色社会主义文化是激励全党全国各族人民奋勇前进的强大精神力量。全党要更加自觉地增强道路自信、理论自信、制度自信、文化自信，既不走封闭僵化的老路，也不走改旗易帜的邪路，保持政治定力，坚持实干兴邦，始终坚持和发展中国特色社会主义。

奋斗精神是中国共产党人的先进品格，是中国共产党人领导人民战胜各种艰难险阻与风险挑战，不断夺取新胜利的强大精神力量。中国共产党的历史，就是一部坚定理想信念、不畏艰难困苦、不懈进取奋斗的历史。坚持和发展中国特色社会主义，实现中华民族伟大复兴，需要中国共产党和广大人民永远保持不懈奋斗精神。我们的事业是伟大的，这个伟大事业不是一帆风顺的，不是轻轻松松就能完成的，而是充满艰难曲折、风险挑战的。我们要全面建成小康社会、实现第一个百年目标，向第二个百年目标奋进，必须靠全党和全体人民的勠力同心、不懈奋斗。为了坚持和发展中国特色社会主义，建设富强民主文明和谐美丽的社会主义现代化强国，实现中华民族伟大复兴，党必须领导人民发扬奋斗精神，切实把奋斗精神贯彻到进行伟大斗争、建设伟大工程、推进伟大事业、实现伟大梦想的全过程，以昂扬奋进、坚韧耐久的精神状态接续奋斗、共同奋斗、顽强奋斗、艰苦奋斗。党要团结带领人民接续奋斗，朝着宏伟的战略目标一茬接着一茬干，一棒接着一棒跑；党团结带领人民共同奋斗，要始终与人民心心相印、同甘共苦，汇聚实现中国梦的磅礴力量；党要团结带领人民顽强奋斗，不屈不挠，攻坚克难，增强忧患意识，应对风险挑战；党要团结带领人民艰苦奋斗，矢志不移，努力拼搏，干事创业，创造无愧于历史、无愧于时代、无愧于人民的业绩。增强奋斗精神，做新时代的不懈奋斗者，要落实到实践中、岗位上，体现在干事创业上，脚踏实地、勇挑重担，意志坚强、攻坚克难，旗帜鲜明、敢于斗争，无私无畏、积极奉献；要提高素质能力，既要有想干事、真干事的自觉，又要有会干事、干成事的本领，要在认真学习、深入调研、躬行践履中增强本领；要保持战略定力，既要有战略远见，又要能脚踏实地、苦干实干、久久为功，以工作的高标准、高质量、高效率，把宏伟的蓝图变为现实。

毛泽东的《论持久战》已诞生 80 周年，在其战略思想指导下的伟大的抗日战争已胜利 73 周年。但《论持久战》所蕴含的哲学智慧与战略思维，中国人民在抗日战争中所表现出的万众一心、共赴国难，不屈不挠、艰苦奋斗，前仆后继、血战到底，争取民族独立、人民解放和世界和平的伟大精神，仍具有跨越时空的意义与价值。我们要汲取《论持久战》中卓越的思想智慧，弘扬伟大的抗战精神，保持战略定力，坚守人民立场，发扬奋斗精神，进行伟大斗争，建设伟大工程，推进伟大事业，为建设富强民主文明和谐美丽的社会主义现代化强国，实现国家富强、民族振兴、人民幸福的中华民族伟大复兴的中国梦而不懈奋斗。

论持久战*

（一九三八年五月）

毛泽东

问题的提起

（一）伟大抗日战争的一周年纪念，七月七日，快要到了。全民族的力量团结起来，坚持抗战，坚持统一战线，同敌人作英勇的战争，快一年了。这个战争，在东方历史上是空前的，在世界历史上也将是伟大的，全世界人民都关心这个战争。身受战争灾难、为着自己民族的生存而奋斗的每一个中国人，无日不在渴望战争的胜利。然而战争的过程究竟会要怎么样？能胜利还是不能胜利？能速胜还是不能速胜？很多人都说持久战，但是为什么是持久战？怎样进行持久战？很多人都说最后胜利，但是为什么会有最后胜利？怎样争取最后胜利？这些问题，不是每个人都解决了的，甚至是大多数人至今没有解决的。于是失败主义的亡国论者跑出来向人们说：中国会亡，最后胜利不是中国的。某些性急的朋友们也跑出来向人们说：中国很快就能战胜，无需乎费大气力。这些议论究竟对不对呢？我们一向都说：这些议论是

* 这是毛泽东一九三八年五月二十六日至六月三日在延安抗日战争研究会的讲演。

不对的。可是我们说的，还没有为大多数人所了解。一半因为我们的宣传解释工作还不够，一半也因为客观事变的发展还没有完全暴露其固有的性质，还没有将其面貌鲜明地摆在人们之前，使人们无从看出其整个的趋势和前途，因而无从决定自己的整套的方针和做法。现在好了，抗战十个月的经验，尽够击破毫无根据的亡国论，也尽够说服急性朋友们的速胜论了。在这种情形下，很多人要求做个总结性的解释。尤其是对持久战，有亡国论和速胜论的反对意见，也有空洞无物的了解。"卢沟桥事变[①]以来，四万万人一齐努力，最后胜利是中国的。"这样一种公式，在广大的人们中流行着。这个公式是对的，但有加以充实的必要。抗日战争和统一战线之所以能够坚持，是由于许多的因素：全国党派，从共产党到国民党；全国人民，从工人农民到资产阶级；全国军队，从主力军到游击队；国际方面，从社会主义国家到各国爱好正义的人民；敌国方面，从某些国内反战的人民到前线反战的兵士。总而言之，所有这些因素，在我们的抗战中都尽了他们各种程度的努力。每一个有良心的人，都应向他们表示敬意。我们共产党人，同其他抗战党派和全国人民一道，唯一的方向，是努力团结一切力量，战胜万恶的日寇。今年七月一日，是中国共产党建立的十七周年纪念日。为了使每个共产党员在抗日战争中能够尽其更好和更大的努力，也有着重地研究持久战的必要。因此，我的讲演就来研究持久战。和持久战这个题目有关的问题，我都准备说到；但是不能一切都说到，因为一切的东西，不是在一个讲演中完全说得了的。

（二）抗战十个月以来，一切经验都证明下述两种观点的不对：一种是中国必亡论，一种是中国速胜论。前者产生妥协倾向，后者产生轻敌倾向。他们看问题的方法都是主观的和片面的，一句话，非科学的。

（三）抗战以前，存在着许多亡国论的议论。例如说："中国武器不如人，战必败。""如果抗战，必会作阿比西尼亚[②]。"抗战以后，公开的亡国论没有了，但暗地是有的，而且很多。例如妥协的空气时起时伏，主张妥协者的根据就是“再战必亡”[3]。有个学生从湖南写信来说：“在乡下一切都感到困难。单独一个人作宣传工作，只好随时随地找人谈话。对象都不是无知无识的愚民，他们多少也懂得一点，他们对我的谈话很有兴趣。可是碰了我那几位亲戚，他们总说：‘中国打不胜，会亡。’讨厌极了。好在他们还不去宣传，不然真糟。农民对他们的信仰当然要大些啊！”这类中国必亡论者，是妥协倾向的社会基础。这类人中国各地都有，因此，抗日阵线中随时可能发生的妥协问题，恐怕终战争之局也不会消灭的。当此徐州失守武汉紧张的时候，给这种亡国论痛驳一驳，我想不是无益的。

（四）抗战十个月以来，各种表现急性病的意见也发生了。例如在抗战初起时，许多人有一种毫无根据的乐观倾向，他们把日本估计过低，甚至以为日本不能打到山西。有些人轻视抗日战争中游击战争的战略地位，他们对于“在全体上，运动战是主要的，游击战是辅助的；在部分上，游击战是主要的，运动战是辅助的”这个提法，表示怀疑。他们不赞成八路军这样的战略方针：“基本的是游击战，但不放松有利条件下的运动战。”认为这是“机械的”观点[4]。上海战争时，有些人说：“只要打三个月，国际局势一定变化，苏联一定出兵，战争就可解决。”把抗战的前途主要地寄托在外国援助上面[5]。台儿庄胜利[6]之后，有些人主张徐州战役[7]应是“准决战”，说过去的持久战方针应该改变。说什么“这一战，就是敌人的最后挣扎”，“我们胜了，日阀就在精神上失了立场，只有静候末日审判”[8]。平型关一个胜仗，冲昏了一些人的头脑；台儿庄再一个胜仗，冲昏了更多的人的头脑。于是敌人是否进攻武汉，成为疑问了。许多人以为：“不一定”；许多人以为：“断不会”。这样的疑问可以牵涉到一切重大的问题。例如说：抗日力量是否够了呢？回答可以是肯定的，因为现在的力量已使敌人不能再进攻，还要增加力量干什么呢？例如说：巩固和扩大抗日民族统一战线的口号是否依然正确呢？回答可以是否定的，因为统一战线的现时状态已够打退敌人，还要什么巩固和扩大呢？例如说：国际外交和国际宣传工作是否还应该加紧呢？回答也可以是否定的。例如说：改革军队制度，改革政治制度，发展民众运动，厉行国防教育，镇压汉奸托派[⑨]，发展军事工业，改良人民生活，是否应该认真去做呢？例如说：保卫武汉、保卫广州、保卫西北和猛烈发展敌后游击战争的口号，是否依然正确呢？回答都可以是否定的。甚至某些人在战争形势稍为好转的时候，就准备在国共两党之间加紧磨擦一下，把对外的眼光转到对内。这种情况，差不多每一个较大的胜仗之后，或敌人进攻暂时停顿之时，都要发生。所有上述一切，我们叫它做政治上军事上的近视眼。这些话，讲起来好像有道理，实际上是毫无根据、似是而非的空谈。扫除这些空谈，对于进行胜利的抗日战争，应该是有好处的。

（五）于是问题是：中国会亡吗？答复：不会亡，最后胜利是中国的。中国能够速胜吗？答复：不能速胜，抗日战争是持久战。

（六）这些问题的主要论点，还在两年之前我们就一般地指出了。还在一九三六年七月十六日，即在西安事变前五个月，卢沟桥事变前十二个月，我同美国记者斯诺先生的谈话中，就已经一般地估计了中日战争的形势，并提出了争取胜利的各种方针。为备忘计，不妨抄录几段如下：

问：在什么条件下，中国能战胜并消灭日本帝国主义的实力呢？

答：要有三个条件：第一是中国抗日统一战线的完成；第二是国际抗日统一战线的完成；第三是日本国内人民和日本殖民地人民的革命运动的兴起。就中国人民的立场来说，三个条件中，中国人民的大联合是主要的。

问：你想，这个战争要延长多久呢？

答：要看中国抗日统一战线的实力和中日两国其他许多决定的因素如

何而定。即是说,除了主要地看中国自己的力量之外,国际间所给中国的援助和日本国内革命的援助也很有关系。如果中国抗日统一战线有力地发展起来,横的方面和纵的方面都有效地组织起来,如果认清日本帝国主义威胁他们自己利益的各国政府和各国人民能给中国以必要的援助,如果日本的革命起来得快,则这次战争将迅速结束,中国将迅速胜利。如果这些条件不能很快实现,战争就要延长。但结果还是一样,日本必败,中国必胜。只是牺牲会大,要经过一个很痛苦的时期。

问:从政治上和军事上来看,你以为这个战争的前途会要如何发展?

答:日本的大陆政策已经确定了,那些以为同日本妥协,再牺牲一些中国的领土主权就能够停止日本进攻的人们,他们的想法只是一种幻想。我们确切地知道,就是扬子江下游和南方各港口,都已经包括在日本帝国主义的大陆政策之内。并且日本还想占领菲律宾、暹罗、越南、马来半岛和荷属东印度,把外国和中国切开,独占西南太平洋。这又是日本的海洋政策。在这样的时期,中国无疑地要处于极端困难的地位。可是大多数中国人相信,这种困难是能够克服的;只有各大商埠的富人是失败论者,因为他们害怕损失财产。有许多人想,一旦中国海岸被日本封锁,中国就不能继续作战。这是废话。为反驳他们,我们不妨举出红军的战争史。在抗日战争中,中国所占的优势,比内战时红军的地位强得多。中国是一个庞大的国家,就是日本能占领中国一万万至二万万人口的区域,我们离战败还很远呢。我们仍然有很大的力量同日本作战,而日本在整个战争中须得时时在其后方作防御战。中国经济的不统一、不平衡,对于抗日战争反为有利。例如将上海和中国其他地方割断,对于中国的损害,绝没有将纽约和美国其他地方割断对于美国的损害那样严重。日本就是把中国沿海封锁,中国的西北、西南和西部,它是无法封锁的。所以问题的中心点还是中国全体人民团结起来,树立举国一致的抗日阵线。这是我们早就提出了的。

问:假如战争拖得很长,日本没有完全战败,共产党能否同意讲和,并承认日本统治东北?

答:不能。中国共产党和全国人民一样,不容许日本保留中国的寸土。

问:照你的意见,这次解放战争,主要的战略方针是什么?

答:我们的战略方针,应该是使用我们的主力在很长的变动不定的战线上作战。中国军队要胜利,必须在广阔的战场上进行高度的运动战,迅速地前进和迅速地后退,迅速地集中和迅速地分散。这就是大规模的运动战,而不是深沟高垒、层层设防、专靠防御工事的阵地战。这并不是说要放弃一切重要的军事地点,对于这些地点,只要有利,就应配置阵地战。但是转换全局的战略方针,必然要是运动战。阵地战虽也必需,但是属于辅助性质的第二种的方针。在地理上,战场这样广大,我们作最有效的运动战,是可能的。日军遇到我军的猛烈活动,必得谨慎。他们的战争机构很笨重,行动很慢,效力有限。如果我们集中兵力在一个狭小的阵地上作消耗战的抵抗,将使我军失掉地理上和经济组织上的有利条件,犯阿比西尼亚的错误。战争的前期,我们要避免一切大的决战,要先用运动战逐渐地破坏敌人军队的精神和战斗力。

除了调动有训练的军队进行运动战之外,还要在农民中组织很多的游击队。须知东三省的抗日义勇军,仅仅是表示了全国农民所能动员抗战的潜伏力量的一小部分。中国农民有很大的潜伏力,只要组织和指挥得当,能使日本军队一天忙碌二十四小时,使之疲于奔命。必须记住这个战争是在中国打的,这就是说,日军要完全被敌对的中国人所包围;日军要被迫运来他们所需的军用品,而且要自己看守;他们要用重兵去保护交通线,时时谨防袭击;另外,还要有一大部力量驻扎满洲和日本内地。

在战争的过程中,中国能俘虏许多的日本兵,夺取许多的武器弹药来武装自己;同时,争取外国的援助,使中国军队的装备逐渐加强起来。因此,中国能够在战争的后期从事阵地战,对于日本的占领地进行阵地的攻击。这样，日本在中国抗战的长期消耗下，它的经济行将崩溃；在无数战争的消磨中，它的士气行将颓靡。中国方面，则抗战的潜伏力一天一天地奔腾高涨，大批的革命民众不断地倾注到前线去，为自由而战争。所有这些因素和其他的因素配合起来，就使我们能够对日本占领地的堡垒和根据地，作最后的致命的攻击，驱逐日本侵略军出中国。（斯诺：《西北印象记》）

抗战十个月的经验，证明上述论点的正确，以后也还将继续证明它。

（七）还在卢沟桥事变发生后一个多月，即一九三七年八月二十五日，中国共产党中央就在它的《关于目前形势与党的任务的决定》中，清楚地指出：

卢沟桥的挑战和平津的占领，不过是日寇大举进攻中国本部的开始。日寇已经开始了全国的战时动员。他们的所谓“不求扩大”的宣传，不过是掩护其进攻的烟幕弹。

七月七日卢沟桥的抗战，已经成了中国全国性抗战的起点。

中国的政治形势从此开始了一个新阶段，这就是实行抗战的阶段。抗战的准备阶段已经过去了。这一阶段的最中心的任务是：动员一切力量争取抗战的胜利。

争取抗战胜利的中心关键，在使已经发动的抗战发展为全面的全民族的抗战。只有这种全面的全民族的抗战，才能使抗战得到最后的胜利。

由于当前的抗战还存在着严重的弱点，所以在今后的抗战过程中，可能发生许多挫败、退却，内部的分化、叛变，暂时和局部的妥协等不利的情况。因此，应该看到这一抗战是艰苦的持久战。但我们相信，已经发动的抗战，必将因为我党和全国人民的努力，冲破一切障碍物而继续地前进和发展。

抗战十个月的经验，同样证明了上述论点的正确，以后也还将继续证明它。

（八）战争问题中的唯心论和机械论的倾向，是一切错误观点的认识论上的根源。他们看问题的方法是主观的和片面的。或者是毫无根据地纯主观地说一顿；或者是只根据问题的一侧面、一时候的表现，也同样主观地把它夸大起来，当作全体看。但是人们的错误观点可分为两类：一类是根本的错误，带一贯性，这是难于纠正的；另一类是偶然的错误，带暂时性，这是易于纠正的。但既同为错误，就都有纠正的必要。因此，反对战争问题中的唯心论和机械论的倾向，采用客观的观点和全面的观点去考察战争，才能使战争问题得出正确的结论。

问题的根据

（九）抗日战争为什么是持久战？最后胜利为什么是中国的呢？根据在什么地方呢？

中日战争不是任何别的战争，乃是半殖民地半封建的中国和帝国主义的日本之间在二十世纪三十年代进行的一个决死的战争。全部问题的根据就在这里。分别地说来，战争的双方有如下互相反对的许多特点。

（一〇）日本方面：第一，它是一个强的帝国主义国家，它的军力、经济力和政治组织力在东方是一等的，在世界也是五六个著名帝国主义国家中的一个。这是日本侵略战争的基本条件，战争的不可避免和中国的不能速胜，就建立在这个日本国家的帝国主义制度及其强的军力、经济力和政治组织力上面。然而第二，由于日本社会经济的帝国主义性，就产生了日本战争的帝国主义性，它的战争是退步的和野蛮的。时至二十世纪三十年代的日本帝国主义，由于内外矛盾，不但使得它不得不举行空前大规模的冒险战争，而且使得它临到最后崩溃的前夜。从社会行程说来，日本已不是兴旺的国家，战争不能达到日本统治阶级所期求的兴旺，而将达到它所期求的反面——日本帝国主义的死亡。这就是所谓日本战争的退步性。跟着这个退步性，加上日本又是一个带军事封建性的帝国主义这一特点，就产生了它的战争的特殊的野蛮性。这样就要最大地激起它国内的阶级对立、日本民族和中国民族的对立、日本和世界大多数国家的对立。日本战争的退步性和野蛮性是日本战争必然失败的主要根据。还不止此，第三，日本战争虽是在其强的军力、经济力和政治组织力的基础之上进行的，但同时又是在其先天不足的基础之上进行的。日本的军力、经济力和政治组织力虽强，但这些力量之量的方面不足。日本国度比较地小，其人力、军力、财力、物力均感缺乏，经不起长期的战争。日本统治者想从战争中解决这个困难问题，但同样，将达到其所期求的反面，这就是说，它为解决这个困难问题而发动战争，结果将因战争而增加困难，战争将连它原有的东西也消耗掉。最后，第四，日本虽能得到国际法西斯国家的援助，但同时，却又不能不遇到一个超过其国际援助力量的国际反对力量。这后一种力量将逐渐地增长，终究不但将把前者的援助力量抵消，并将施其压力于日本自身。这是失道寡助的规律，是从日本战争的本性产生出来的。总起来说，日本的长处是其战争力量之强，而其短处则在其战争本质的退步性、野蛮性，在其人力、物力之不足，在其国际形势之寡助。这些就是日本方面的特点。

（一一）中国方面：第一，我们是一个半殖民地半封建的国家。从鸦片战争[10]，太平天国[11]，戊戌维新[12]，辛亥革命[13]，直至北伐战争，一切为解除半殖民地半封建地位的革命的或改良的运动，都遭到了严重的挫折，因此依然保留下这个半殖民地半封建的地位。我们依然是一个弱国，我们在军力、经济力和政治组织力各方面都显得不如敌人。战争之不可避免和中国之不能速胜，又在这个方面有其基础。然而第二，中国近百年的解放运动积累到了今日，已经不同于任何历史时期。各种内外反对力量虽给了解放运动以严重挫折，同时却锻炼了中国人民。今日中国的军事、经济、政治、文化虽不如日本之强，但在中国自己比较起来，却有了比任何一个历史时期更为进步的因素。中国共产党及其领导下的军队，就是这种进步因素的代表。中国今天的解放战争，就是在这种进步的基础上得到了持久战和最后胜利的可能性。中国是如日方升的国家，这同日本帝国主义的没落状态恰是相反的对照。中国的战争是进步的，从这种进步性，就产生了中国战争的正义性。因为这个战争是正义的，就能唤起全国的团结，激起敌国人民的同情，争取世界多数国家的援助。第三，中国又是一个很大的国家，地大、物博、人多、兵多，能够支持长期的战争，这同日本又是一个相反的对比。最后，第四，由于中国战争的进步性、正义性而产生出来的国际广大援助，同日本的失道寡助又恰恰相反。总起来说，中国的短处是战争力量之弱，而其长处则在其战争本质的进步性和正义性，在其是一个大国家，在其国际形势之多助。这些都是中国的特点。

（一二）这样看来，日本的军力、经济力和政治组织力是强的，但其战争是退步的、野蛮的，人力、物力又不充足，国际形势又处于不利。中国反是，军力、经济力和政治组织力是比较地弱的，然而正处于进步的时代，其战争是进步的和正义的，又有大国这个条件足以支持持久战，世界的多数国家是会要援助中国的。——这些，就是中日战争互相矛盾着的基本特点。这些特点，规定了和规定着双方一切政治上的政策和军事上的战略战术，规定了和规定着战争的持久性和最后胜利属于中国而不属于日本。战争就是这些特点的比赛。这些特点在战争过程中将各依其本性发生变化，一切东西就都从这里发生出来。这些特点是事实上存在的，不是虚造骗人的；是战争的全部基本要素，不是残缺不全的片段；是贯彻于双方一切大小问题和一切作战阶段之中的，不是可有可无的。观察中日战争如果忘记了这些特点，那就必然要弄错；即使某些意见一时有人相信，似乎不错，但战争的经过必将证明它们是错的。我们现在就根据这些特点来说明我们所要说的一切问题。

驳亡国论

（一三）亡国论者看到敌我强弱对比一个因素，从前就说“抗战必亡”，现在又说“再战必亡”。如果我们仅仅说，敌人虽强，但是小国，中国虽弱，但是大国，是不足以折服他们的。他们可以搬出元朝灭宋、清朝灭明的历史证据，证明小而强的国家能够灭亡大而弱的国家，而且是落后的灭亡进步的。如果我们说，这是古代，不足为据，他们又可以搬出英灭印度的事实，证明小而强的资本主义国家能够灭亡大而弱的落后国家。所以还须提出其他的根据，才能把一切亡国论者的口封住，使他们心服，而使一切从事宣传工作的人们得到充足的论据去说服还不明白和还不坚定的人们，巩固其抗战的信心。

（一四）这应该提出的根据是什么呢？就是时代的特点。这个特点的具体反映是日本的退步和寡助，中国的进步和多助。

（一五）我们的战争不是任何别的战争，乃是中日两国在二十世纪三十年代进行的战争。在我们的敌人方面，首先，它是快要死亡的帝国主义，它已处于退步时代，不但和英灭印度时期英国还处于资本主义的进步时代不相同，就是和二十年前第一次世界大战时的日本也不相同。此次战争发动于世界帝国主义首先是法西斯国家大崩溃的前夜，敌人也正是为了这一点才举行这个带最后挣扎性的冒险战争。所以，战争的结果，灭亡的不会是中国而是日本帝国主义的统治集团，这是无可逃避的必然性。再则，当日本举行战争的时候，正是世界各国或者已经遭遇战争或者快要遭遇战争的时候，大家都正在或准备着为反抗野蛮侵略而战，中国这个国家又是同世界多数国家和多数人民利害相关的，这就是日本已经引起并还要加深地引起世界多数国家和多数人民的反对的根源。

（一六）中国方面呢？它已经不能和别的任何历史时期相比较。半殖民地和半封建社会是它的特点，所以被称为弱国。但是在同时，它又处于历史上进步的时代，这就是足以战胜日本的主要根据。所谓抗日战争是进步的，不是说普通一般的进步，不是说阿比西尼亚抗意战争的那种进步，也不是说太平天国或辛亥革命的那种进步，而是说今天中国的进步。今天中国的进步在什么地方呢？在于它已经不是完全的封建国家，已经有了资本主义，有了资产阶级和无产阶级，有了已经觉悟或正在觉悟的广大人民，有了共产党，有了政治上进步的军队即共产党领导的中国红军，有了数十年革命的传统经验，特别是中国共产党成立以来的十七年的经验。这些经验，教育了中国的人民，教育了中国的政党，今天恰好作了团结抗日的基础。如果说，在俄国，没有一九〇五年的经验就不会有一九一七年的胜利；那末，我们也可以说，如果没有十七年以来的经验，也将不会有抗日的胜利。这是国内的条件。

国际的条件，使得中国在战争中不是孤立的，这一点也是历史上空前的东西。历史上不论中国的战争也罢，印度的战争也罢，都是孤立的。惟独今天遇到世界上已经发生或正在发生的空前广大和空前深刻的人民运动及其对于中国的援助。俄国一九一七年的革命也遇到世界的援助，俄国的工人和农民因此胜利了，但那个援助的规模还没有今天广大，性质也没有今天深刻。今天的世界的人民运动，正在以空前的大规模和空前的深刻性发展着。苏联的存在，更是今天国际政治上十分重要的因素，它必然以极大的热忱援助中国，这一现象，是二十年前完全没有的。所有这些，造成了和造成着为中国最后胜利所不可缺少的重要的条件。大量的直接的援助，目前虽然还没有，尚有待于来日，但是中国有进步和大国的条件，能够延长战争的时间，促进并等候国际的援助。

（一七）加上日本是小国，地小、物少、人少、兵少，中国是大国，地大、物博、人多、兵多这一个条件，于是在强弱对比之外，就还有小国、退步、寡助和大国、进步、多助的对比，这就是中国决不会亡的根据。强弱对比虽然规定了日本能够在中国有一定时期和一定程度的横行，中国不可避免地要走一段艰难的路程，抗日战争是持久战而不是速决战；然而小国、退步、寡助和大国、进步、多助的对比，又规定了日本不能横行到底，必然要遭到最后的失败，中国决不会亡，必然要取得最后的胜利。

（一八）阿比西尼亚为什么灭亡了呢？第一，它不但是弱国，而且是小国。第二，它不如中国进步，它是一个古老的奴隶制到农奴制的国家，没有资本主义，没有资产阶级政党，更没有共产党，没有中国这样的军队，更没有如同八路军这样的军队。第三，它不能等候国际的援助，它的战争是孤立的。第四，这是主要的，抗意战争领导方面有错误。阿比西尼亚因此灭亡了。然而阿比西尼亚还有相当广大的游击战争存在，如能坚持下去，是可以在未来的世界变动中据以恢复其祖国的。

（一九）如果亡国论者搬出中国近代解放运动的失败史来证明“抗战必亡”和“再战必亡”的话，那我们的答复也是时代不同一句话。中国本身、日本内部、国际环境都和过去不相同。日本比过去更强了，中国的半殖民地和半封建地位依然未变，力量依然颇弱，这一点是严重的情形。日本暂时还能控制其国内的人民，也还能利用国际间的矛盾作为其侵华的工具，这些都是事实。然而在长期的战争过程中，必然要发生相反的变化。这一点现在还不是事实，但是将来必然要成为事实的。这一点，亡国论者就抛弃不顾了。中国呢？不但现在已有新的人、新的政党、新的军队和新的抗日政策，和十余年以前有很大的不同，而且这些都必然会向前发展。虽然历史上的解放运动屡次遭受挫折，使中国不能积蓄更大的力量用于今日的抗日战争——这是非常可痛惜的历史的教训，从今以后，再也不要自己摧残任何的革命力量了——然而就在既存的基础上，加上广大的努力，必能逐渐前进，加强抗战的力量。伟大的抗日民族统一战线，就是这种努力的总方向。国际援助一方面，眼前虽然还看不见大量的和直接的，但是国际局面根本已和过去两样，大量和直接的援助正在酝酿中。中国近代无数解放运动的失败都有其客观和主观的原因，都不能比拟今天的情况。在今天，虽然存在着许多困难条件，规定了抗日战争是艰难的战争，例如敌人之强，我们之弱，敌人的困难还刚在开始，我们的进步还很不够，如此等等，然而战胜敌人的有利条件是很多的，只须加上主观的努力，就能克服困难而争取胜利。这些有利条件，历史上没有一个时候可和今天比拟，这就是抗日战争必不会和历史上的解放运动同归失败的理由。

妥协还是抗战？腐败还是进步？

（二〇）亡国论之没有根据，俱如上述。但是另有许多人，并非亡国论者，他们是爱国志士，却对时局怀抱甚深的忧虑。他们的问题有两个：一是惧怕对日妥协，一是怀疑政治不能进步。这两个可忧虑的问题在广大的人们中间议论着，找不到解决的基点。我们现在就来研究这两个问题。

（二一）前头说过，妥协的问题是有其社会根源的，这个社会根源存在，妥协问题就不会不发生。但妥协是不会成功的。要证明这一点，仍不外向日本、中国、国际三方面找根据。第一是日本方面。还在抗战初起时，我们就估计有一种酝酿妥协空气的时机会要到来，那就是在敌人占领华北和江浙之后，可能出以劝降手段。后来果然来了这一手；但是危机随即过去，原因之一是敌人采取了普遍的野蛮政策,实行公开的掠夺。中国降了,任何人都要做亡国奴。敌人的这一掠夺的即灭亡中国的政策,分为物质的和精神的两方面,都是普遍地施之于中国人的;不但是对下层民众,而且是对上层成分,——当然对后者稍为客气些,但也只有程度之别,并无原则之分。大体上,敌人是将东三省的老办法移植于内地。在物质上,掠夺普通人民的衣食,使广大人民啼饥号寒;掠夺生产工具,使中国民族工业归于毁灭和奴役化。在精神上,摧残中国人民的民族意识。在太阳旗下,每个中国人只能当顺民,做牛马,不许有一丝一毫的中国气。敌人的这一野蛮政策,还要施之于更深的内地。他的胃口很旺,不愿停止战争。一九三八年一月十六日日本内阁宣言的方针[14],至今坚决执行,也不能不执行,这就激怒了一切阶层的中国人。这是根据敌人战争的退步性野蛮性而来的,“在劫难逃”,于是形成了绝对的敌对。估计到某种时机,敌之劝降手段又将出现,某些亡国论者又将蠕蠕而动,而且难免勾结某些国际成分(英、美、法内部都有这种人,特别是英国的上层分子),狼狈为奸。但是大势所趋,是降不了的,日本战争的坚决性和特殊的野蛮性,规定了这个问题的一方面。

(二二)第二是中国方面。中国坚持抗战的因素有三个:其一,共产党,这是领导人民抗日的可靠力量。又其一,国民党,因其是依靠英美的,英美不叫它投降,它也就不会投降。又其一,别的党派,大多数是反对妥协、拥护抗战的。这三者互相团结,谁要妥协就是站在汉奸方面,人人得而诛之。一切不愿当汉奸的人,就不能不团结起来坚持抗战到底,妥协就实际上难于成功。

(二三)第三是国际方面。除日本的盟友和各资本主义国家的上层分子中的某些成分外,其余都不利于中国妥协而利于中国抗战。这一因素影响到中国的希望。今天全国人民有一种希望,认为国际力量必将逐渐增强地援助中国。这种希望不是空的;特别是苏联的存在,鼓舞了中国的抗战。空前强大的社会主义的苏联,它和中国是历来休戚相关的。苏联和一切资本主义国家的上层成分之唯利是图者根本相反,它是以援助一切弱小民族和革命战争为其职志的。中国战争之非孤立性,不但一般地建立在整个国际的援助上,而且特殊地建立在苏联的援助上。中苏两国是地理接近的,这一点加重了日本的危机,便利了中国的抗战。中日两国地理接近,加重了中国抗战的困难。然而中苏的地理接近,却是中国抗战的有利条件。

(二四)由此可作结论:妥协的危机是存在的,但是能够克服。因为敌人的政策即使可作某种程度的改变,但其根本改变是不可能的。中国内部有妥协的社会根源,但是反对妥协的占大多数。国际力量也有一部分赞助妥协,但是主要的力量赞助抗战。这三种因素结合起来,就能克服妥协危机,坚持抗战到底。

(二五)现在来答复第二个问题。国内政治的改进,是和抗战的坚持不能分离的。政治越改进,抗战越能坚持;抗战越坚持,政治就越能改进。但是基本上依赖于坚持抗战。国民党的各方面的不良现象是严重地存在着,这些不合理因素的历史积累,使得广大爱国志士发生很大的忧虑和烦闷。但是抗战的经验已经证明,十个月的中国人民的进步抵得上过去多少年的进步,并无使人悲观的根据。历史积累下来的腐败现象,虽然很严重地阻碍着人民抗战力量增长的速度,减少了战争的胜利,招致了战争的损失,但是中国、日本和世界的大局,不容许中国人民不进步。由于阻碍进步的因素即腐败现象之存在,这种进步是缓慢的。进步和进步的缓慢是目前时局的两个特点,后一个特点和战争的迫切要求很不相称,这就是使得爱国志士们大为发愁的地方。然而我们是在革命战争中,革命战争是一种抗毒素,它不但将排除敌人的毒焰,也将清洗自己的污浊。凡属正义的革命的战争,其力量是很大的,它能改造很多事物,或为改造事物开辟道路。中日战争将改造中日两国;只要中国坚持抗战和坚持统一战线,就一定能把旧日本化为新日本,把旧中国化为新中国,中日两国的人和物都将在这次战争中和战争后获得改造。我们把抗战和建国联系起来看，是正当的。说日本也能获得改造，是说日本统治者的侵略战争将走到失败，有引起日本人民革命之可能。日本人民革命胜利之日，就是日本改造之时。这和中国的抗战密切地联系着，这一个前途是应该看到的。

亡国论是不对的，速胜论也是不对的

（二六）我们已把强弱、大小、进步退步、多助寡助几个敌我之间矛盾着的基本特点，作了比较研究，批驳了亡国论，答复了为什么不易妥协和为什么政治可能进步的问题。亡国论者看重了强弱一个矛盾，把它夸大起来作为全部问题的论据，而忽略了其他的矛盾。他们只提强弱对比一点，是他们的片面性；他们将此片面的东西夸大起来看成全体，又是他们的主观性。所以在全体说来，他们是没有根据的，是错误的。那些并非亡国论者，也不是一贯的悲观主义者，仅为一时候和一局部的敌我强弱情况或国内腐败现象所迷惑，而一时地发生悲观心理的人们，我们也得向他们指出，他们的观点的来源也是片面性和主观性的倾向。但是他们的改正较容易，只要一提醒就会明白，因为他们是爱国志士，他们的错误是一时的。

（二七）然而速胜论者也是不对的。他们或则根本忘记了强弱这个矛盾，而单单记起了其他矛盾；或则对于中国的长处，夸大得离开了真实情况，变成另一种样子；或则拿一时一地的强弱现象代替了全体中的强弱现象，一叶障目，不见泰山，而自以为是。总之，他们没有勇气承认敌强我弱这件事实。他们常常抹杀这一点，因此抹杀了真理的一方面。他们又没有勇气承认自己长处之有限性，因而抹杀了真理的又一方面。由此犯出或大或小的错误来，这里也是主观性和片面性作怪。这些朋友们的心是好的，他们也是爱国志士。但是

“先生之志则大矣”，先生的看法则不对，照了做去，一定碰壁。因为估计不符合真相，行动就无法达到目的；勉强行去，败军亡国，结果和失败主义者没有两样。所以也是要不得的。

（二八）我们是否否认亡国危险呢？不否认的。我们承认在中国面前摆着解放和亡国两个可能的前途，两者在猛烈地斗争中。我们的任务在于实现解放而避免亡国。实现解放的条件，基本的是中国的进步，同时，加上敌人的困难和世界的援助。我们和亡国论者不同，我们客观地而且全面地承认亡国和解放两个可能同时存在，着重指出解放的可能占优势及达到解放的条件，并为争取这些条件而努力。亡国论者则主观地和片面地只承认亡国一个可能性，否认解放的可能性，更不会指出解放的条件和为争取这些条件而努力。我们对于妥协倾向和腐败现象也是承认的，但是我们还看到其他倾向和其他现象，并指出二者之中后者对于前者将逐步地占优势，二者在猛烈地斗争着；并指出后者实现的条件，为克服妥协倾向和转变腐败现象而努力。因此，我们并不悲观，而悲观的人们则与此相反。

（二九）我们也不是不喜欢速胜，谁也赞成明天一个早上就把“鬼子”赶出去。但是我们指出，没有一定的条件，速胜只存在于头脑之中，客观上是不存在的，只是幻想和假道理。因此，我们客观地并全面地估计到一切敌我情况，指出只有战略的持久战才是争取最后胜利的唯一途径，而排斥毫无根据的速胜论。我们主张为着争取最后胜利所必要的一切条件而努力，条件多具备一分，早具备一日，胜利的把握就多一分，胜利的时间就早一日。我们认为只有这样才能缩短战争的过程，而排斥贪便宜尚空谈的速胜论。

为什么是持久战？

（三〇）现在我们来把持久战问题研究一下。“为什么是持久战”这一个问题，只有依据全部敌我对比的基本因素，才能得出正确的回答。例如单说敌人是帝国主义的强国，我们是半殖民地半封建的弱国，就有陷入亡国论的危险。因为单纯地以弱敌强，无论在理论上，在实际上，都不能产生持久的结果。单是大小或单是进步退步、多助寡助，也是一样。大并小、小并大的事都是常有的。进步的国家或事物，如果力量不强，常有被大而退步的国家或事物所灭亡者。多助寡助是重要因素，但是附随因素，依敌我本身的基本因素如何而定其作用的大小。因此，我们说抗日战争是持久战，是从全部敌我因素的相互关系产生的结论。敌强我弱，我有灭亡的危险。但敌尚有其他缺点，我尚有其他优点。敌之优点可因我之努力而使之削弱，其缺点亦可因我之努力而使之扩大。我方反是，我之优点可因我之努力而加强，缺点则因我之努力而克服。所以我能最后胜利，避免灭亡，敌则将最后失败，而不能避免整个帝国主义制度的崩溃。

（三一）既然敌之优点只有一个，余皆缺点，我之缺点只有一个，余皆优点，为什么不能得出平衡结果，反而造成了现时敌之优势我之劣势呢？很明显的，不能这样形式地看问题。事情是现时敌我强弱的程度悬殊太大，敌之缺点一时还没有也不能发展到足以减杀其强的因素之必要的程度，我之优点一时也没有且不能发展到足以补充其弱的因素之必要的程度，所以平衡不能出现，而出现的是不平衡。

（三二）敌强我弱，敌是优势而我是劣势，这种情况，虽因我之坚持抗战和坚持统一战线的努力而有所变化，但是还没有产生基本的变化。所以，在战争的一定阶段上，敌能得到一定程度的胜利，我则将遭到一定程度的失败。然而敌我都只限于这一定阶段内一定程度上的胜或败，不能超过而至于全胜或全败，这是什么缘故呢？因为一则敌强我弱之原来状况就是相对的，不是绝对的；二则由于我之坚持抗战和坚持统一战线的努力，更加造成这种相对的形势。拿原来状况来说，敌虽强，但敌之强已为其他不利的因素所减杀，不过此时还没有减杀到足以破坏敌之优势的必要的程度；我虽弱，但我之弱已为其他有利的因素所补充，不过此时还没有补充到足以改变我之劣势的必要的程度。于是形成敌是相对的强，我是相对的弱；敌是相对的优势，我是相对的劣势。双方的强弱优劣原来都不是绝对的，加以战争过程中我之坚持抗战和坚持统一战线的努力，更加变化了敌我原来强弱优劣的形势，因而敌我只限于一定阶段内的一定程度上的胜或败，造成了持久战的局面。

（三三）然而情况是继续变化的。战争过程中，只要我能运用正确的军事的和政治的策略，不犯原则的错误，竭尽最善的努力，敌之不利因素和我之有利因素均将随战争之延长而发展，必能继续改变着敌我强弱的原来程度，继续变化着敌我的优劣形势。到了新的一定阶段时，就将发生强弱程度上和优劣形势上的大变化，而达到敌败我胜的结果。

（三四）目前敌尚能勉强利用其强的因素，我之抗战尚未给他以基本的削弱。其人力、物力不足的因素尚不足以阻止其进攻，反之，尚足以维持其进攻到一定的程度。其足以加剧本国阶级对立和中国民族反抗的因素，即战争之退步性和野蛮性一因素，亦尚未造成足以根本妨碍其进攻的情况。敌人的国际孤立的因素也方在变化发展之中，还没有达到完全的孤立。许多表示助我的国家的军火资本家和战争原料资本家，尚在唯利是图地供给日本以大量的战争物资[15]，他们的政府[16]亦尚不愿和苏联一道用实际方法制裁日本。这一切，规定了我之抗战不能速胜，而只能是持久战。中国方面，弱的因素表现在军事、经济、政治、文化各方面的，虽在十个月抗战中有了某种程度的进步，但距离足以阻止敌之进攻及准备我之反攻的必要的程度，还远得很。且在量的方面，又不得不有所减弱。其各种有利因素，虽然都在起积极作用，但达到足以停止敌之进攻及准备我之反攻的程度则尚有待于巨大的努力。在国内，克服腐败现象，增加进步速度；在国外,克服助日势力,增加反日势力,尚非目前的现实。这一切,又规定了战争不能速胜,而只能是持久战。

持久战的三个阶段

(三五)中日战争既然是持久战,最后胜利又将是属于中国的,那末,就可以合理地设想,这种持久战,将具体地表现于三个阶段之中。第一个阶段,是敌之战略进攻、我之战略防御的时期。第二个阶段,是敌之战略保守、我之准备反攻的时期。第三个阶段,是我之战略反攻、敌之战略退却的时期。三个阶段的具体情况不能预断,但依目前条件来看,战争趋势中的某些大端是可以指出的。客观现实的行程将是异常丰富和曲折变化的,谁也不能造出一本中日战争的"流年"来;然而给战争趋势描画一个轮廓,却为战略指导所必需。所以,尽管描画的东西不能尽合将来的事实,而将为事实所校正,但是为着坚定地有目的地进行持久战的战略指导起见,描画轮廓的事仍然是需要的。

(三六)第一阶段,现在还未完结。敌之企图是攻占广州、武汉、兰州三点,并把三点联系起来。敌欲达此目的,至少出五十个师团,约一百五十万兵员,时间一年半至两年,用费将在一百万万日元以上。敌人如此深入,其困难是非常之大的,其后果将不堪设想。至欲完全占领粤汉铁路和西兰公路,将经历非常危险的战争,未必尽能达其企图。但是我们的作战计划,应把敌人可能占领三点甚至三点以外之某些部分地区并可能互相联系起来作为一种基础,部署持久战,即令敌如此做,我也有应付之方。这一阶段我所采取的战争形式,主要的是运动战,而以游击战和阵地战辅助之。阵地战虽在此阶段之第一期,由于国民党军事当局的主观错误把它放在主要地位,但从全阶段看,仍然是辅助的。此阶段中,中国已经结成了广大的统一战线，实现了空前的团结。敌虽已经采用过并且还将采用卑鄙无耻的劝降手段，企图不费大力实现其速决计划，整个地征服中国，但是过去的已经失败，今后的也难成功。此阶段中，中国虽有颇大的损失，但是同时却有颇大的进步，这种进步就成为第二阶段继续抗战的主要基础。此阶段中，苏联对于我国已经有了大量的援助。敌人方面，士气已开始表现颓靡，敌人陆军进攻的锐气，此阶段的中期已不如初期，末期将更不如初期。敌之财政和经济已开始表现其竭蹶状态，人民和士兵的厌战情绪已开始发生，战争指导集团的内部已开始表现其“战争的烦闷”，生长着对于战争前途的悲观。

（三七）第二阶段，可以名之曰战略的相持阶段。第一阶段之末尾，由于敌之兵力不足和我之坚强抵抗，敌人将不得不决定在一定限度上的战略进攻终点，到达此终点以后，即停止其战略进攻，转入保守占领地的阶段。此阶段内，敌之企图是保守占领地，以组织伪政府的欺骗办法据之为己有，而从中国人民身上尽量搜括东西，但是在他的面前又遇着顽强的游击战争。游击战争在第一阶段中乘着敌后空虚将有一个普遍的发展，建立许多根据地，基本上威胁到敌人占领地的保守，因此第二阶段仍将有广大的战争。此阶段中我之作战形式主要的是游击战，而以运动战辅助之。此时中国尚能保有大量的正规军，不过一方面因敌在其占领的大城市和大道中取战略守势，一方面因中国技术条件一时未能完备，尚难迅即举行战略反攻。除正面防御部队外，我军将大量地转入敌后，比较地分散配置，依托一切敌人未占区域，配合民众武装，向敌人占领地作广泛的和猛烈的游击战争，并尽可能地调动敌人于运动战中消灭之，如同现在山西的榜样。此阶段的战争是残酷的，地方将遇到严重的破坏。但是游击战争能够胜利，做得好，可能使敌只能保守占领地三分之一左右的区域，三分之二左右仍然是我们的，这就是敌人的大失败，中国的大胜利。那时，整个敌人占领地将分为三种地区：第一种是敌人的根据地，第二种是游击战争的根据地，第三种是双方争夺的游击区。这个阶段的时间的长短，依敌我力量增减变化的程度如何及国际形势变动如何而定，大体上我们要准备付给较长的时间，要熬得过这段艰难的路程。这将是中国很痛苦的时期，经济困难和汉奸捣乱将是两个很大的问题。敌人将大肆其破坏中国统一战线的活动，一切敌之占领地的汉奸组织将合流组成所谓“统一政府”。我们内部，因大城市的丧失和战争的困难，动摇分子将大倡其妥协论，悲观情绪将严重地增长。此时我们的任务，在于动员全国民众，齐心一致，绝不动摇地坚持战争，把统一战线扩大和巩固起来，排除一切悲观主义和妥协论，提倡艰苦斗争，实行新的战时政策，熬过这一段艰难的路程。此阶段内，必须号召全国坚决地维持一个统一政府，反对分裂，有计划地增强作战技术，改造军队，动员全民，准备反攻。此阶段中，国际形势将变到更于日本不利，虽可能有张伯伦[17]一类的迁就所谓“既成事实”的“现实主义”的调头出现，但主要的国际势力将变到进一步地援助中国。日本威胁南洋和威胁西伯利亚，将较之过去更加严重，甚至爆发新的战争。敌人方面，陷在中国泥潭中的几十个师团抽不出去。广大的游击战争和人民抗日运动将疲惫这一大批日本军，一方面大量地消耗之，又一方面进一步地增长其思乡厌战直至反战的心理，从精神上瓦解这个军队。日本在中国的掠夺虽然不能说它绝对不能有所成就，但是日本资本缺乏，又困于游击战争，急遽的大量的成就是不可能的。这个第二阶段是整个战争的过渡阶段，也将是最困难的时期，然而它是转变的枢纽。中国将变为独立国，还是沦为殖民地，不决定于第一阶段大城市之是否丧失，而决定于第二阶段全民族努力的程度。如能坚持抗战，坚持统一战线和坚持持久战，中国将在此阶段中获得转弱为强的力量。中国抗战的三幕戏，这是第二幕。由于全体演员的努力，最精彩的结幕便能很好地演出来。

（三八）第三阶段，是收复失地的反攻阶段。收复失地，主要地依靠中国自己在前阶段中准备着的和在本阶段中继续地生长着的力量。然而单只自己的力量还是不够的,还须依靠国际力量和敌国内部变化的援助,否则是不能胜利的,因此加重了中国的国际宣传和外交工作的任务。这个阶段,战争已不是战略防御,而将变为战略反攻了,在现象上,并将表现为战略进攻;已不是战略内线,而将逐渐地变为战略外线。直至打到鸭绿江边,才算结束了这个战争。第三阶段是持久战的最后阶段,所谓坚持战争到底,就是要走完这个阶段的全程。这个阶段我所采取的主要的战争形式仍将是运动战,但是阵地战将提到重要地位。如果说,第一阶段的阵地防御,由于当时的条件,不能看作重要的,那末,第三阶段的阵地攻击,由于条件的改变和任务的需要,将变成颇为重要的。此阶段内的游击战,仍将辅助运动战和阵地战而起其战略配合的作用,和第二阶段之变为主要形式者不相同。

(三九)这样看来,战争的长期性和随之而来的残酷性,是明显的。敌人不能整个地吞并中国,但是能够相当长期地占领中国的许多地方。中国也不能迅速地驱逐日本,但是大部分的土地将依然是中国的。最后是敌败我胜,但是必须经过一段艰难的路程。

(四〇)中国人民在这样长期和残酷的战争中间,将受到很好的锻炼。参加战争的各政党也将受到锻炼和考验。统一战线必须坚持下去;只有坚持统一战线,才能坚持战争;只有坚持统一战线和坚持战争,才能有最后胜利。果然是这样,一切困难就能够克服。跨过战争的艰难路程之后,胜利的坦途就到来了,这是战争的自然逻辑。

(四一)三个阶段中,敌我力量的变化将循着下述的道路前进。第一阶段敌是优势,我是劣势。我之这种劣势,须估计抗战以前到这一阶段末尾,有两种不同的变化。第一种是向下的。中国原来的劣势,经过第一阶段的消耗将更为严重,这就是土地、人口、经济力量、军事力量和文化机关等的减缩。第一阶段的末尾,也许要减缩到相当大的程度,特别是经济方面。这一点,将被人利用作为亡国论和妥协论的根据。然而必须看到第二种变化,即向上的变化。这就是战争中的经验,军队的进步,政治的进步,人民的动员,文化的新方向的发展,游击战争的出现,国际援助的增长等等。在第一阶段,向下的东西是旧的量和质,主要地表现在量上。向上的东西是新的量和质,主要地表现在质上。这第二种变化,就给了我们以能够持久和最后胜利的根据。

(四二)第一阶段中,敌人方面也有两种变化。第一种是向下的,表现在:几十万人的伤亡,武器和弹药的消耗,士气的颓靡,国内人心的不满,贸易的缩减,一百万万日元以上的支出,国际舆论的责备等等方面。这个方面,又给予我们以能够持久和最后胜利的根据。然而也要估计到敌人的第二种变化,即向上的变化。那就是他扩大了领土、人口和资源。在这点上面,又产生我们的抗战是持久战而不能速胜的根据,同时也将被一些人利用作为亡国论和妥协论的根据。但是我们必须估计敌人这种向上变化的暂时性和局部性。敌人是行将崩溃的帝国主义者,他占领中国的土地是暂时的。中国游击战争的猛烈发展,将使他的占领区实际上限制在狭小的地带。而且,敌人对中国土地的占领又产生了和加深了日本同外国的矛盾。再则,根据东三省的经验,日本在相当长的时间内,一般地只能是支出资本时期,不能是收获时期。所有这些,又是我们击破亡国论和妥协论而建立持久论和最后胜利论的根据。

(四三)第二阶段,上述双方的变化将继续发展,具体的情形不能预断,但是大体上将是日本继续向下,中国继续向上[18]。例如日本的军力、财力大量地消耗于中国的游击战争,国内人心更加不满,士气更加颓靡,国际更感孤立。中国则政治、军事、文化和人民动员将更加进步,游击战争更加发展,经济方面也将依凭内地的小工业和广大的农业而有某种程度的新发展,国际援助将逐渐地增进,将比现在的情况大为改观。这个第二阶段,也许将经过相当长的时间。在这个时间内,敌我力量对比将发生巨大的相反的变化,中国将逐渐上升,日本则逐渐下降。那时中国将脱出劣势,日本则脱出优势,先走到平衡的地位,再走到优劣相反的地位。然后中国大体上将完成战略反攻的准备而走到实行反攻、驱敌出国的阶段。应该重复地指出:所谓变劣势为优势和完成反攻准备,是包括中国自己力量的增长、日本困难的增长和国际援助的增长在内的,总合这些力量就能形成中国的优势,完成反攻的准备。

(四四)根据中国政治和经济不平衡的状态,第三阶段的战略反攻,在其前一时期将不是全国整齐划一的姿态,而是带地域性的和此起彼落的姿态。敌人采用各种分化手段破裂中国统一战线的企图,此阶段中并不会减弱,因此,中国内部团结的任务更加重要,务不令内部不调致战略反攻半途而废。此时期中,国际形势将变到大有利于中国。中国的任务,就在于利用这种国际形势取得自己的彻底解放,建立独立的民主国家,同时也就是帮助世界的反法西斯运动。

(四五)中国由劣势到平衡到优势,日本由优势到平衡到劣势,中国由防御到相持到反攻,日本由进攻到保守到退却——这就是中日战争的过程,中日战争的必然趋势。

(四六)于是问题和结论是:中国会亡吗?答复:不会亡,最后胜利是中国的。中国能够速胜吗?答复:不能速胜,必须是持久战。这个结论是正确的吗?我以为是正确的。

(四七)讲到这里,亡国论和妥协论者又将跑出来说:中国由劣势到平衡,需要有同日本相等的军力和经济力;由平衡到优势,需要有超过日本的军力和经济力;然而这是不可能的,因此上述结论是不正确的。

(四八)这就是所谓"唯武器论",是战争问题中的机械论,是主观地和片面地看问题的意见。我们的意见与此相反,不但看到武器,而且看到人力。武器是战争的重要的因素,但不是决定的因素,决定的因素是人不是物。力量对比不但是军力和经济力的对比,而且是人力和人心的对比。军力和经济力是要人去掌握的。如果中国人的大多数、日本人的大多数、世界各国人的大多数是站在抗日战争方面的话,那末,日本少数人强制地掌握着的军力和经济力,还能算是优势吗?它不是优势,那末,掌握比较劣势的军力和经济力的中国,不就成了优势吗?没有疑义,中国只要坚持抗战和坚持统一战线,其军力和经济力是能够逐渐地加强的。而我们的敌人,经过长期战争和内外矛盾的削弱,其军力和经济力又必然要起相反的变化。在这种情况下,难道中国也不能变成优势吗?还不止此,目前我们不能把别国的军力和经济力大量地公开地算作自己方面的力量,难道将来也不能吗?如果日本的敌人不止中国一个,如果将来有一国或几国以其相当大量的军力和经济力公开地防御或攻击日本,公开地援助我们,那末,优势不更在我们一方面吗?日本是小国,其战争是退步的和野蛮的,其国际地位将益处于孤立;中国是大国,其战争是进步的和正义的,其国际地位将益处于多助。所有这些,经过长期发展,难道还不能使敌我优劣的形势确定地发生变化吗?

(四九)速胜论者则不知道战争是力量的竞赛,在战争双方的力量对比没有起一定的变化以前,就要举行战略的决战,就想提前到达解放之路,也是没有根据的。其意见实行起来,一定不免于碰壁。或者只是空谈快意,并不准备真正去做。最后则是事实先生跑将出来,给这些空谈家一瓢冷水,证明他们不过是一些贪便宜、想少费气力多得收成的空谈主义者。这种空谈主义过去和现在已经存在,但是还不算很多,战争发展到相持阶段和反攻阶段时,空谈主义可能多起来。但是在同时,如果第一阶段中国损失较大,第二阶段时间拖得很长,亡国论和妥协论更将大大地流行。所以我们的火力,应该主要地向着亡国论和妥协论方面,而以次要的火力,反对空谈主义的速胜论。

（五〇）战争的长期性是确定了的，但是战争究将经过多少年月则谁也不能预断，这个完全要看敌我力量变化的程度才能决定。一切想要缩短战争时间的人们，惟有努力于增加自己力量减少敌人力量之一法。具体地说，惟有努力于作战多打胜仗，消耗敌人的军队，努力于发展游击战争，使敌之占领地限制于最小的范围，努力于巩固和扩大统一战线，团结全国力量，努力于建设新军和发展新的军事工业，努力于推动政治、经济和文化的进步，努力于工、农、商、学各界人民的动员，努力于瓦解敌军和争取敌军的士兵，努力于国际宣传争取国际的援助，努力于争取日本的人民及其他被压迫民族的援助，做了这一切，才能缩短战争的时间，此外不能有任何取巧图便的法门。

犬牙交错的战争

（五一）我们可以断言，持久战的抗日战争，将在人类战争史中表现为光荣的特殊的一页。犬牙交错的战争形态，就是颇为特殊的一点，这是由于日本的野蛮和兵力不足，中国的进步和土地广大这些矛盾因素产生出来的。犬牙交错的战争，在历史上也是有过的，俄国十月革命后的三年内战，就有过这种情形。但其在中国的特点，是其特殊的长期性和广大性，这将是突破历史纪录的东西。这种犬牙交错的形态，表现在下述的几种情况上。

（五二）内线和外线——抗日战争是整个处于内线作战的地位的；但是主力军和游击队的关系，则是主力军在内线，游击队在外线，形成夹攻敌人的奇观。各游击区的关系亦然。各个游击区都以自己为内线，而以其他各区为外线，又形成了很多夹攻敌人的火线。在战争的第一阶段，战略上内线作战的正规军是后退的，但是战略上外线作战的游击队则将广泛地向着敌人后方大踏步前进，第二阶段将更加猛烈地前进，形成了后退和前进的奇异形态。

（五三）有后方和无后方——利用国家的总后方，而把作战线伸至敌人占领地之最后限界的，是主力军。脱离总后方，而把作战线伸至敌后的，是游击队。但在每一游击区中，仍自有其小规模的后方，并依以建立非固定的作战线。和这个区别的，是每一游击区派遣出去向该区敌后临时活动的游击队，他们不但没有后方，也没有作战线。"无后方的作战"，是新时代中领土广大、人民进步、有先进政党和先进军队的情况之下的革命战争的特点，没有可怕而有大利，不应怀疑而应提倡。

（五四）包围和反包围——从整个战争看来，由于敌之战略进攻和外线作战，我处战略防御和内线作战地位，无疑我是在敌之战略包围中。这是敌对于我之第一种包围。由于我以数量上优势的兵力，对于从战略上的外线分数路向我前进之敌，采取战役和战斗上的外线作战方针，就可以把各路分进之敌的一路或几路放在我之包围中。这是我对于敌之第一种反包围。再从敌后游击战争的根据地看来，每一孤立的根据地都处于敌之四面或三面包围中，前者例如五台山，后者例如晋西北。这是敌对于我之第二种包围。但若将各个游击根据地联系起来看，并将各个游击根据地和正规军的阵地也联系起来看，我又把许多敌人都包围起来，例如在山西，我已三面包围了同蒲路（路之东西两侧及南端），四面包围了太原城；河北、山东等省也有许多这样的包围。这又是我对于敌之第二种反包围。这样，敌我各有加于对方的两种包围，大体上好似下围棋一样，敌对于我我对于敌之战役和战斗的作战，好似吃子，敌的据点（例如太原）和我之游击根据地（例如五台山），好似做眼。如果把世界性的围棋也算在内，那就还有第三种敌我包围，这就是侵略阵线与和平阵线的关系。敌以前者来包围中、苏、法、捷等国，我以后者反包围德、日、意。但是我之包围好似如来佛的手掌，它将化成一座横亘宇宙的五行山，把这几个新式孙悟空——法西斯侵略主义者，最后压倒在山底下，永世也不得翻身[19]。如果我能在外交上建立太平洋反日阵线，把中国作为一个战略单位，又把苏联及其他可能的国家也各作为一个战略单位，又把日本人民运动也作为一个战略单位，形成一个使法西斯孙悟空无处逃跑的天罗地网，那就是敌人死亡之时了。实际上，日本帝国主义完全打倒之日，必是这个天罗地网大体布成之时。这丝毫也不是笑话，而是战争的必然的趋势。

（五五）大块和小块——一种可能，是敌占地区将占中国本部之大半，而中国本部完整的区域只占一小半。这是一种情形。但是敌占大半中，除东三省等地外，实际只能占领大城市、大道和某些平地，依重要性说是一等的，依面积和人口来说可能只是敌占区中之小半，而普遍地发展的游击区，反居其大半。这又是一种情形。如果超越本部的范围，而把蒙古、新疆、青海、西藏算了进来，则在面积上中国未失地区仍然是大半，而敌占地区包括东三省在内，也只是小半。这又是一种情形。完整区域当然是重要的，应集大力去经营，不但政治、军事、经济等方面，文化方面也要紧。敌人已将我们过去的文化中心变为文化落后区域，而我们则要将过去的文化落后区域变为文化中心。同时，敌后广大游击区的经营也是非常之要紧的，也应把它们的各方面发展起来，也应发展其文化工作。总起来看，中国将是大块的乡村变为进步和光明的地区，而小块的敌占区，尤其是大城市，将暂时地变为落后和黑暗的地区。

（五六）这样看来，长期而又广大的抗日战争，是军事、政治、经济、文化各方面犬牙交错的战争，这是战争史上的奇观，中华民族的壮举，惊天动地的伟业。这个战争，不但将影响到中日两国，大大推动两国的进步，而且将影响到世界，推动各国首先是印度等被压迫民族的进步。全中国人都应自觉地投入这个犬牙交错的战争中去，这就是中华民族自求解放的战争形态，是半殖民地大国在二十世纪三十和四十年代举行的解放战争的特殊的形态。

为永久和平而战

（五七）中国抗日战争的持久性同争取中国和世界的永久和平，是不能分离的。没有任何一个历史时期像今天一样，战争是接近于永久和平的。由于阶级的出现，几千年来人类的生活中充满了战争，每一个民族都不知打了几多仗，或在民族集团之内打，或在民族集团之间打。打到资本主义社会的帝国主义时期，仗就打得特别广大和特别残酷。二十年前的第一次帝国主义大战，在过去历史上是空前的，但还不是绝后的战争。只有目前开始了的战争，接近于最后战争，就是说，接近于人类的永久和平。目前世界上已有三分之一的人口进入了战争，你们看，一个意大利，又一个日本，一个阿比西尼亚，又一个西班牙，再一个中国。参加战争的这些国家共有差不多六万万人口，几乎占了全世界总人口的三分之一。目前的战争的特点是无间断和接近永久和平的性质。为什么无间断？意大利同阿比西尼亚打了之后，接着意大利同西班牙打，德国也搭了股份，接着日本又同中国打。还要接着谁呢？无疑地要接着希特勒同各大国打。“法西斯主义就是战争”[20]，一点也不错。目前的战争发展到世界大战之间，是不会间断的，人类的战争灾难不可避免。为什么又说这次战争接近于永久和平？这次战争是在第一次世界大战所已开始的世界资本主义总危机发展的基础上发生的，由于这种总危机，逼使各资本主义国家走入新的战争，首先逼使各法西斯国家从事于新战争的冒险。我们可以预见这次战争的结果，将不是资本主义的获救，而是它的走向崩溃。这次战争，将比二十年前的战争更大，更残酷，一切民族将无可避免地卷入进去，战争时间将拖得很长，人类将遭受很大的痛苦。但是由于苏联的存在和世界人民觉悟程度的提高，这次战争中无疑将出现伟大的革命战争,用以反对一切反革命战争,而使这次战争带着为永久和平而战的性质。即使尔后尚有一个战争时期,但是已离世界的永久和平不远了。人类一经消灭了资本主义,便到达永久和平的时代,那时候便再也不要战争了。那时将不要军队,也不要兵船,不要军用飞机,也不要毒气。从此以后,人类将亿万斯年看不见战争。已经开始了的革命的战争,是这个为永久和平而战的战争的一部分。占着五万万以上人口的中日两国之间的战争,在这个战争中将占着重要的地位,中华民族的解放将从这个战争中得来。将来的被解放了的新中国,是和将来的被解放了的新世界不能分离的。因此,我们的抗日战争包含着为争取永久和平而战的性质。

(五八)历史上的战争分为两类,一类是正义的,一类是非正义的。一切进步的战争都是正义的,一切阻碍进步的战争都是非正义的。我们共产党人反对一切阻碍进步的非正义的战争,但是不反对进步的正义的战争。对于后一类战争,我们共产党人不但不反对,而且积极地参加。前一类战争,例如第一次世界大战,双方都是为着帝国主义利益而战,所以全世界的共产党人坚决地反对那一次战争。反对的方法,在战争未爆发前,极力阻止其爆发;既爆发后,只要有可能,就用战争反对战争,用正义战争反对非正义战争。日本的战争是阻碍进步的非正义的战争,全世界人民包括日本人民在内,都应该反对,也正在反对。我们中国,则从人民到政府,从共产党到国民党,一律举起了义旗,进行了反侵略的民族革命战争。我们的战争是神圣的、正义的,是进步的、求和平的。不但求一国的和平,而且求世界的和平,不但求一时的和平,而且求永久的和平。欲达此目的,便须决一死战,便须准备着一切牺牲,坚持到底,不达目的,决不停止。牺牲虽大,时间虽长,但是永久和平和永久光明的新世界,已经鲜明地摆在我们的前面。我们从事战争的信念,便建立在这个争取永久和平和永久光明的新中国和新世界的上面。法西斯主义和帝国主义要把战争延长到无尽期，我们则要把战争在一个不很久远的将来给以结束。为了这个目的，人类大多数应该拿出极大的努力。四亿五千万的中国人占了全人类的四分之一，如果能够一齐努力，打倒了日本帝国主义，创造了自由平等的新中国，对于争取全世界永久和平的贡献，无疑地是非常伟大的。这种希望不是空的，全世界社会经济的行程已经接近了这一点，只须加上多数人的努力，几十年工夫一定可以达到目的。

能动性在战争中

（五九）以上说的，都是说明为什么是持久战和为什么最后胜利是中国的，大体上都是说的“是什么”和“不是什么”。以下，将转到研究“怎样做”和“不怎样做”的问题上。怎样进行持久战和怎样争取最后胜利？这就是以下要答复的问题。为了这个，我们将依次说明下列的问题：能动性在战争中，战争和政治，抗战的政治动员，战争的目的，防御中的进攻，持久中的速决，内线中的外线，主动性，灵活性，计划性，运动战，游击战，阵地战，歼灭战，消耗战，乘敌之隙的可能性，抗日战争的决战问题，兵民是胜利之本。我们现在就从能动性问题说起吧。

（六〇）我们反对主观地看问题，说的是一个人的思想，不根据和不符合于客观事实，是空想，是假道理，如果照了做去，就要失败，故须反对它。但是一切事情是要人做的，持久战和最后胜利没有人做就不会出现。做就必须先有人根据客观事实，引出思想、道理、意见，提出计划、方针、政策、战略、战术，方能做得好。思想等等是主观的东西，做或行动是主观见之于客观的东西，都是人类特殊的能动性。这种能动性，我们名之曰“自觉的能动性”，是人之所以区别于物的特点。一切根据和符合于客观事实的思想是正确的思想，一切根据于正确思想的做或行动是正确的行动。我们必须发扬这样的思想和行动，必须发扬这种自觉的能动性。抗日战争是要赶走帝国主义，变旧中国为新中国，必须动员全中国人民，统统发扬其抗日的自觉的能动性，才能达到目的。坐着不动，只有被灭亡，没有持久战，也没有最后胜利。

（六一）自觉的能动性是人类的特点。人类在战争中强烈地表现出这样的特点。战争的胜负，固然决定于双方军事、政治、经济、地理、战争性质、国际援助诸条件，然而不仅仅决定于这些；仅有这些，还只是有了胜负的可能性，它本身没有分胜负。要分胜负，还须加上主观的努力，这就是指导战争和实行战争，这就是战争中的自觉的能动性。

（六二）指导战争的人们不能超越客观条件许可的限度期求战争的胜利，然而可以而且必须在客观条件的限度之内，能动地争取战争的胜利。战争指挥员活动的舞台，必须建筑在客观条件的许可之上，然而他们凭借这个舞台，却可以导演出很多有声有色、威武雄壮的戏剧来。在既定的客观物质的基础之上，抗日战争的指挥员就要发挥他们的威力，提挈全军，去打倒那些民族的敌人，改变我们这个被侵略被压迫的社会国家的状态，造成自由平等的新中国，这里就用得着而且必须用我们的主观指导的能力。我们不赞成任何一个抗日战争的指挥员，离开客观条件，变为乱撞乱碰的鲁莽家，但是我们必须提倡每个抗日战争的指挥员变为勇敢而明智的将军。他们不但要有压倒敌人的勇气，而且要有驾驭整个战争变化发展的能力。指挥员在战争的大海中游泳，他们要不使自己沉没，而要使自己决定地有步骤地到达彼岸。作为战争指导规律的战略战术，就是战争大海中的游泳术。

战争和政治

（六三）“战争是政治的继续”，在这点上说，战争就是政治，战争本身就是政治性质的行动，从古以来没有不带政治性的战争。抗日战争是全民族的革命战争，它的胜利，离不开战争的政治目的——驱逐日本帝国主义、建立自由平等的新中国，离不开坚持抗战和坚持统一战线的总方针，离不开全国人民的动员，离不开官兵一致、军民一致和瓦解敌军等项政治原则，离不开统一战线政策的良好执行，离不开文化的动员，离不开争取国际力量和敌国人民援助的努力。一句话，战争一刻也离不了政治。抗日军人中，如有轻视政治的倾向，把战争孤立起来，变为战争绝对主义者，那是错误的，应加纠正。

（六四）但是战争有其特殊性，在这点上说，战争不即等于一般的政治。“战争是政治的特殊手段的继续”[21]。政治发展到一定的阶段，再也不能照旧前进，于是爆发了战争，用以扫除政治道路上的障碍。例如中国的半独立地位，是日本帝国主义政治发展的障碍，日本要扫除它，所以发动了侵略战争。中国呢？帝国主义压迫，早就是中国资产阶级民主革命的障碍，所以有了很多次的解放战争，企图扫除这个障碍。日本现在用战争来压迫，要完全断绝中国革命的进路，所以不得不举行抗日战争，决心要扫除这个障碍。障碍既除，政治的目的达到，战争结束。障碍没有扫除得干净，战争仍须继续进行，以求贯彻。例如抗日的任务未完，有想求妥协的，必不成功；因为即使因某种缘故妥协了，但是战争仍要起来，广大人民必定不服，必要继续战争，贯彻战争的政治目的。因此可以说，政治是不流血的战争，战争是流血的政治。

（六五）基于战争的特殊性，就有战争的一套特殊组织，一套特殊方法，一种特殊过程。这组织，就是军队及其附随的一切东西。这方法，就是指导战争的战略战术。这过程，就是敌对的军队互相使用有利于己不利于敌的战略战术从事攻击或防御的一种特殊的社会活动形态。因此，战争的经验是特殊的。一切参加战争的人们，必须脱出寻常习惯，而习惯于战争，方能争取战争的胜利。

抗日的政治动员

（六六）如此伟大的民族革命战争，没有普遍和深入的政治动员，是不能胜利的。抗日以前，没有抗日的政治动员，这是中国的大缺陷，已经输了敌人一着。抗日以后，政治动员也非常之不普遍，更不说深入。人民的大多数，是从敌人的炮火和飞机炸弹那里听到消息的。这也是一种动员，但这是敌人替我们做的，不是我们自己做的。偏远地区听不到炮声的人们，至今还是静悄悄地在那里过活。这种情形必须改变，不然，拚死活的战争就得不到胜利。决不可以再输敌人一着，相反，要大大地发挥这一着去制胜敌人。这一着是关系绝大的；武器等等不如人尚在其次，这一着实在是头等重要。动员了全国的老百姓，就造成了陷敌于灭顶之灾的汪洋大海，造成了弥补武器等等缺陷的补救条件，造成了克服一切战争困难的前提。要胜利，就要坚持抗战，坚持统一战线，坚持持久战。然而一切这些，离不开动员老百姓。要胜利又忽视政治动员，叫做“南其辕而北其辙”，结果必然取消了胜利。

（六七）什么是政治动员呢？首先是把战争的政治目的告诉军队和人民。必须使每个士兵每个人民都明白为什么要打仗，打仗和他们有什么关系。抗日战争的政治目的是“驱逐日本帝国主义，建立自由平等的新中国”，必须把这个目的告诉一切军民人等，方能造成抗日的热潮，使几万万人齐心一致，贡献一切给战争。其次，单单说明目的还不够，还要说明达到此目的的步骤和政策，就是说，要有一个政治纲领。现在已经有了《抗日救国十大纲领》[22]，又有了一个《抗战建国纲领》[23]，应把它们普及于军队和人民，并动员所有的军队和人民实行起来。没有一个明确的具体的政治纲领，是不能动员全军全民抗日到底的。其次，怎样去动员？靠口说，靠传单布告，靠报纸书册，靠戏剧电影，靠学校，靠民众团体，靠干部人员。现在国民党统治地区有的一些，沧海一粟，而且方法不合民众口味，神气和民众隔膜，必须切实地改一改。其次，不是一次动员就够了，抗日战争的政治动员是经常的。不是将政治纲领背诵给老百姓听，这样的背诵是没有人听的；要联系战争发展的情况，联系士兵和老百姓的生活，把战争的政治动员，变成经常的运动。这是一件绝大的事，战争首先要靠它取得胜利。

战争的目的

（六八）这里不是说战争的政治目的，抗日战争的政治目的是“驱逐日本帝国主义，建立自由平等的新中国”，前面已经说过了。这里说的，是作为人类流血的政治的所谓战争，两军相杀的战争，它的根本目的是什么。战争的目的不是别的，就是“保存自己，消灭敌人”（消灭敌人，就是解除敌人的武装，也就是所谓“剥夺敌人的抵抗力”，不是要完全消灭其肉体）。古代战争，用矛用盾：矛是进攻的，为了消灭敌人；盾是防御的，为了保存自己。直到今天的武器，还是这二者的继续。轰炸机、机关枪、远射程炮、毒气，是矛的发展；防空掩蔽部、钢盔、水泥工事、防毒面具，是盾的发展。坦克，是矛盾二者结合为一的新式武器。进攻，是消灭敌人的主要手段，但防御也是不能废的。进攻，是直接为了消灭敌人的，同时也是为了保存自己，因为如不消灭敌人，则自己将被消灭。防御，是直接为了保存自己的，但同时也是辅助进攻或准备转入进攻的一种手段。退却，属于防御一类，是防御的继续；而追击，则是进攻的继续。应该指出：战争目的中，消灭敌人是主要的，保存自己是第二位的，因为只有大量地消灭敌人，才能有效地保存自己。因此，作为消灭敌人之主要手段的进攻是主要的，而作为消灭敌人之辅助手段和作为保存自己之一种手段的防御，是第二位的。战争实际中，虽有许多时候以防御为主，而在其余时候以进攻为主，然而通战争的全体来看，进攻仍然是主要的。

（六九）怎样解释战争中提倡勇敢牺牲呢？岂非与"保存自己"相矛盾？不相矛盾，是相反相成的。战争是流血的政治，是要付代价的，有时是极大的代价。部分的暂时的牺牲（不保存），为了全体的永久的保存。我们说，基本上为着消灭敌人的进攻手段中，同时也含了保存自己的作用，理由就在这里。防御必须同时有进攻，而不应是单纯的防御，也是这个道理。

（七〇）保存自己消灭敌人这个战争的目的，就是战争的本质，就是一切战争行动的根据，从技术行动起，到战略行动止，都是贯彻这个本质的。战争目的，是战争的基本原则，一切技术的、战术的、战役的、战略的原理原则，一点也离不开它。射击原则的"荫蔽身体，发扬火力"是什么意思呢？前者为了保存自己，后者为了消灭敌人。因为前者，于是利用地形地物，采取跃进运动，疏开队形，种种方法都发生了。因为后者，于是扫清射界，组织火网，种种方法也发生了。战术上的突击队、钳制队、预备队，第一种为了消灭敌人，第二种为了保存自己，第三种准备依情况使用于两个目的——或者增援突击队，或者作为追击队，都是为了消灭敌人；或者增援钳制队，或者作为掩护队，都是为了保存自己。照这样，一切技术、战术、战役、战略原则，一切技术、战术、战役、战略行动，一点也离不开战争的目的，它普及于战争的全体，贯彻于战争的始终。

（七一）抗日战争的各级指导者，不能离开中日两国之间各种互相对立的基本因素去指导战争，也不能离开这个战争目的去指导战争。两国之间各种互相对立的基本因素展开于战争的行动中，就变成互相为了保存自己消灭敌人而斗争。我们的战争，在于力求每战争取不论大小的胜利，在于力求每战解除敌人一部分武装，损伤敌人一部分人马器物。把这些部分地消灭敌人的成绩积累起来，成为大的战略胜利,达到最后驱敌出国,保卫祖国,建设新中国的政治目的。

防御中的进攻,持久中的速决,内线中的外线

(七二)现在来研究抗日战争中的具体的战略方针。我们已说过了,抗日的战略方针是持久战,是的,这是完全对的。但这是一般的方针,还不是具体的方针。怎样具体地进行持久战呢?这就是我们现在要讨论的问题。我们的答复是:在第一和第二阶段即敌之进攻和保守阶段中,应该是战略防御中的战役和战斗的进攻战,战略持久中的战役和战斗的速决战,战略内线中的战役和战斗的外线作战。在第三阶段中,应该是战略的反攻战。

(七三)由于日本是帝国主义的强国,我们是半殖民地半封建的弱国,日本是采取战略进攻方针的,我们则居于战略防御地位。日本企图采取战略的速决战,我们应自觉地采取战略的持久战。日本用其战斗力颇强的几十个师团的陆军(目前已到了三十个师团)和一部分海军,从陆海两面包围和封锁中国,又用空军轰炸中国。目前日本的陆军已占领从包头到杭州的长阵线,海军则到了福建广东,形成了大范围的外线作战。我们则处于内线作战地位。所有这些,都是由敌强我弱这个特点造成的。这是一方面的情形。

(七四)然而在另一方面,则适得其反。日本虽强,但兵力不足。中国虽弱,但地大、人多、兵多。这里就产生了两个重要的结果。第一,敌以少兵临大国,就只能占领一部分大城市、大道和某些平地。由是,在其占领区域,则空出了广大地面无法占领,这就给了中国游击战争以广大活动的地盘。在全国,即使敌能占领广州、武汉、兰州之线及其附近的地区,但以外的地区是难于占领的,这就给了中国以进行持久战和争取最后胜利的总后方和中枢根据地。第二,敌以少兵临多兵,便处于多兵的包围中。敌分路向我进攻,敌处战略外线,

我处战略内线，敌是战略进攻，我是战略防御，看起来我是很不利的。然而我可以利用地广和兵多两个长处，不作死守的阵地战，采用灵活的运动战，以几个师对他一个师，几万人对他一万人，几路对他一路，从战场的外线，突然包围其一路而攻击之。于是敌之战略作战上的外线和进攻，在战役和战斗的作战上，就不得不变成内线和防御。我之战略作战上的内线和防御，在战役和战斗的作战上就变成了外线和进攻。对其一路如此，对其他路也是如此。以上两点，都是从敌小我大这一特点发生的。又由于敌兵虽少，乃是强兵（武器和人员的教养程度），我兵虽多，乃是弱兵（也仅是武器和人员的教养程度，不是士气），因此，在战役和战斗的作战上，我不但应以多兵打少兵，从外线打内线，还须采取速决战的方针。为了实行速决，一般应不打驻止中之敌，而打运动中之敌。我预将大兵荫蔽集结于敌必经通路之侧，乘敌运动之际，突然前进，包围而攻击之，打他一个措手不及，迅速解决战斗。打得好，可能全部或大部或一部消灭他；打不好，也给他一个大的杀伤。一战如此，他战皆然。不说多了，每个月打得一个较大的胜仗，如像平型关台儿庄一类的，就能大大地沮丧敌人的精神，振起我军的士气，号召世界的声援。这样，我之战略的持久战，到战场作战就变成速决战了。敌之战略的速决战，经过许多战役和战斗的败仗，就不得不改为持久战。

（七五）上述这样的战役和战斗的作战方针，一句话说完，就是："外线的速决的进攻战"。这对于我之战略方针"内线的持久的防御战"说来，是相反的；然而，又恰是实现这样的战略方针之必要的方针。如果战役和战斗方针也同样是"内线的持久的防御战"，例如抗战初起时期之所为，那就完全不适合敌小我大、敌强我弱这两种情况，那就决然达不到战略目的，达不到总的持久战，而将为敌人所击败。所以，我们历来主张全国组成若干个大的野战兵团，其兵力针对着敌人每个野战兵团之兵力而二倍之、三倍之或四倍之，采用上述方针，与敌周旋于广大战场之上。这种方针，不但是正规战争用得着，游击战争也用得着，而且必须要用它。不但适用于战争的某一阶段，而且适用于战争的全过程。战略反攻阶段，我之技术条件增强，以弱敌强这种情况即使完全没有了，我仍用多兵从外线采取速决的进攻战，就更能收大批俘获的成效。例如我用两个或三个或四个机械化的师对敌一个机械化的师，更能确定地消灭这个师。几个大汉打一个大汉之容易打胜，这是常识中包含的真理。

（七六）如果我们坚决地采取了战场作战的“外线的速决的进攻战”，就不但在战场上改变着敌我之间的强弱优劣形势，而且将逐渐地变化着总的形势。在战场上，因为我是进攻，敌是防御；我是多兵处外线，敌是少兵处内线；我是速决，敌虽企图持久待援，但不能由他作主；于是在敌人方面，强者就变成了弱者，优势就变成了劣势；我军方面反之，弱者变成了强者，劣势变成了优势。在打了许多这样的胜仗之后，总的敌我形势便将引起变化。这就是说，集合了许多战场作战的外线的速决的进攻战的胜利以后，就逐渐地增强了自己，削弱了敌人，于是总的强弱优劣形势，就不能不受其影响而发生变化。到那时，配合着我们自己的其他条件，再配合着敌人内部的变动和国际上的有利形势，就能使敌我总的形势走到平衡，再由平衡走到我优敌劣。那时，就是我们实行反攻驱敌出国的时机了。

（七七）战争是力量的竞赛，但力量在战争过程中变化其原来的形态。在这里，主观的努力，多打胜仗，少犯错误，是决定的因素。客观因素具备着这种变化的可能性，但实现这种可能性，就需要正确的方针和主观的努力。这时候，主观作用是决定的了。

主动性，灵活性，计划性

（七八）上面说过的战役和战斗的外线的速决的进攻战，中心点在于一个进攻;外线是说的进攻的范围,速决是说的进攻的时间,所以叫它做"外线的速决的进攻战"。这是实行持久战的最好的方针,也即是所谓运动战的方针。但是这个方针实行起来,离不了主动性、灵活性和计划性。我们现在就来研究这三个问题。

(七九)前面已说过了自觉的能动性,为什么又说主动性呢?自觉的能动性,说的是自觉的活动和努力,是人之所以区别于物的特点,这种人的特点,特别强烈地表现于战争中,这些是前面说过了的。这里说的主动性,说的是军队行动的自由权,是用以区别于被迫处于不自由状态的。行动自由是军队的命脉,失了这种自由,军队就接近于被打败或被消灭。一个士兵被缴械,是这个士兵失了行动自由被迫处于被动地位的结果。一个军队的战败,也是一样。为此缘故,战争的双方,都力争主动,力避被动。我们提出的外线的速决的进攻战,以及为了实现这种进攻战的灵活性、计划性,可以说都是为了争取主动权,以便逼敌处于被动地位,达到保存自己消灭敌人之目的。但主动或被动是和战争力量的优势或劣势分不开的。因而也是和主观指导的正确或错误分不开的。此外,也还有利用敌人的错觉和不意来争取自己主动和逼敌处于被动的情形。下面就来分析这几点。

(八〇)主动是和战争力量的优势不能分离的,而被动则和战争力量的劣势分不开。战争力量的优势或劣势,是主动或被动的客观基础。战略的主动地位,自然以战略的进攻战为较能掌握和发挥,然而贯彻始终和普及各地的主动地位,即绝对的主动权,只有以绝对优势对绝对劣势才有可能。一个身体壮健者和一个重病患者角斗,前者便有绝对的主动权。如果日本没有许多不可克服的矛盾,例如它能一下出几百万至一千万大兵,财源比现在多过几倍,又没有民众和外国的敌对,又不实行野蛮政策招致中国人民拚死命反抗,那它便能保持一种绝对的优势,它便有一种贯彻始终和普及各地的绝对的主动权。但在历史上,这类绝对优势的事情,在战争和战役的结局是存在的,战争和战役的开头则少见。例如在第一次世界大战中,德国屈服的前夜,这时协约国变成了绝对优势,德国则变成了绝对劣势,结果德国失败,协约国获胜,这是战争结局存在着绝对的优势和劣势之例。又如台儿庄胜利的前夜,这时当地孤立的日军经过苦战之后,已处于绝对的劣势,我军则造成了绝对的优势,结果敌败我胜,这是战役结局存在着绝对的优势和劣势之例。战争或战役也有以相对的优劣或平衡状态而结局的,那时,在战争则出现妥协,在战役则出现对峙。但一般是以绝对的优劣而分胜负居多数。所有这些,都是战争或战役的结局,而非战争或战役的开头。中日战争的最后结局,可以预断,日本将以绝对劣势而失败,中国将以绝对优势而获胜;但是在目前,则双方的优劣都不是绝对的而是相对的。日本因其具有强的军力、经济力和政治组织力这个有利因素,对于我们弱的军力、经济力和政治组织力,占了优势,因而造成了它的主动权的基础。但是因为它的军力等等数量不多,又有其他许多不利因素,它的优势便为它自己的矛盾所减杀。及到中国,又碰到了中国的地大、人多、兵多和坚强的民族抗战,它的优势再为之减杀。于是在总的方面,它的地位就变成一种相对的优势,因而其主动权的发挥和维持就受了限制,也成了相对的东西。中国方面,虽然在力量的强度上是劣势,因此造成了战略上的某种被动姿态,但是在地理、人口和兵员的数量上,并且又在人民和军队的敌忾心和士气上,却处于优势,这种优势再加上其他的有利因素,便减杀了自己军力、经济力等的劣势的程度,使之变为战略上的相对的劣势。因而也减少了被动的程度,仅处于战略上的相对的被动地位。然而被动总是不利的,必须力求脱离它。军事上的办法,就是坚决地实行外线的速决的进攻战和发动敌后的游击战争,在战役的运动战和游击战中取得许多局部的压倒敌人的优势和主动地位。通过这样许多战役的局部优势和局部主动地位,就能逐渐地造成战略的优势和战略的主动地位,战略的劣势和被动地位就能脱出了。这就是主动和被动之间、优势和劣势之间的相互关系。

（八一）由此也就可以明白主动或被动和主观指导之间的关系。如上所述，我之相对的战略劣势和战略被动地位，是能够脱出的，方法就是人工地造成我们许多的局部优势和局部主动地位，去剥夺敌人的许多局部优势和局部主动地位，把他抛入劣势和被动。把这些局部的东西集合起来，就成了我们的战略优势和战略主动，敌人的战略劣势和战略被动。这样的转变，依靠主观上的正确指导。为什么呢？我要优势和主动，敌人也要这个，从这点上看，战争就是两军指挥员以军力财力等项物质基础作地盘，互争优势和主动的主观能力的竞赛。竞赛结果，有胜有败，除了客观物质条件的比较外，胜者必由于主观指挥的正确，败者必由于主观指挥的错误。我们承认战争现象是较之任何别的社会现象更难捉摸，更少确实性，即更带所谓“盖然性”。但战争不是神物，仍是世间的一种必然运动，因此，孙子的规律，“知彼知己，百战不殆”[24]，仍是科学的真理。错误由于对彼己的无知，战争的特性也使人们在许多的场合无法全知彼己，因此产生了战争情况和战争行动的不确实性，产生了错误和失败。然而不管怎样的战争情况和战争行动，知其大略，知其要点，是可能的。先之以各种侦察手段，继之以指挥员的聪明的推论和判断，减少错误，实现一般的正确指导，是做得到的。我们有了这个“一般地正确的指导”做武器，就能多打胜仗，就能变劣势为优势，变被动为主动。这是主动或被动和主观指导的正确与否之间的关系。

（八二）主观指导的正确与否，影响到优势劣势和主动被动的变化，观于强大之军打败仗、弱小之军打胜仗的历史事实而益信。中外历史上这类事情是多得很的。中国如晋楚城濮之战[25]，楚汉成皋之战[26]，韩信破赵之战[27]，新汉昆阳之战[28]，袁曹官渡之战[29]，吴魏赤壁之战[30]，吴蜀彝陵之战[31]，秦晋淝水之战[32]等等，外国如拿破仑的多数战役[33]，十月革命后的苏联内战，都是以少击众，以劣势对优势而获胜。都是先以自己局部的优势和主动,向着敌人局部的劣势和被动,一战而胜,再及其余,各个击破,全局因而转成了优势,转成了主动。在原占优势和主动之敌则反是;由于其主观错误和内部矛盾,可以将其很好的或较好的优势和主动地位,完全丧失,化为败军之将,亡国之君。由此可知,战争力量的优劣本身,固然是决定主动或被动的客观基础,但还不是主动或被动的现实事物,必待经过斗争,经过主观能力的竞赛,方才出现事实上的主动或被动。在斗争中,由于主观指导的正确或错误,可以化劣势为优势,化被动为主动;也可以化优势为劣势,化主动为被动。一切统治王朝打不赢革命军,可见单是某种优势还没有确定主动地位,更没有确定最后胜利。主动和胜利,是可以根据真实的情况,经过主观能力的活跃,取得一定的条件,而由劣势和被动者从优势和主动者手里夺取过来的。

(八三)错觉和不意,可以丧失优势和主动。因而有计划地造成敌人的错觉,给以不意的攻击,是造成优势和夺取主动的方法,而且是重要的方法。错觉是什么呢?"八公山上,草木皆兵"[34],是错觉之一例。"声东击西",是造成敌人错觉之一法。在优越的民众条件具备,足以封锁消息时,采用各种欺骗敌人的方法,常能有效地陷敌于判断错误和行动错误的苦境,因而丧失其优势和主动。"兵不厌诈",就是指的这件事情。什么是不意?就是无准备。优势而无准备,不是真正的优势,也没有主动。懂得这一点,劣势而有准备之军,常可对敌举行不意的攻势,把优势者打败。我们说运动之敌好打,就是因为敌在不意即无准备中。这两件事——造成敌人的错觉和出以不意的攻击,即是以战争的不确实性给予敌人,而给自己以尽可能大的确实性,用以争取我之优势和主动,争取我之胜利。要做到这些,先决条件是优越的民众组织。因此,发动所有一切反对敌人的老百姓,一律武装起来,对敌进行广泛的袭击,同时即用以封锁消息,掩护我军,使敌无从知道我军将在什么地方什么时候去攻击他,造成他的错觉和不意的客观基础，是非常之重要的。过去土地革命战争时代的中国红军，以弱小的军力而常打胜仗，得力于组织起来和武装起来了的民众是非常之大的。民族战争照规矩应比土地革命战争更能获得广大民众的援助；可是因为历史的错误[35]，民众是散的，不但仓卒难为我用，且时为敌人所利用。只有坚决地广泛地发动全体的民众，方能在战争的一切需要上给以无穷无尽的供给。在这个给敌以错觉和给敌以不意以便战而胜之的战争方法上，也就一定能起大的作用。我们不是宋襄公，不要那种蠢猪式的仁义道德[36]。我们要把敌人的眼睛和耳朵尽可能地封住，使他们变成瞎子和聋子，要把他们的指挥员的心尽可能地弄得混乱些，使他们变成疯子，用以争取自己的胜利。所有这些，也都是主动或被动和主观指导之间的相互关系。战胜日本是少不了这种主观指导的。

（八四）大抵日本在其进攻阶段中，因其军力之强和利用我之主观上的历史错误和现时错误，它是一般地处于主动地位的。但是这种主动，已随其本身带着许多不利因素及其在战争中也犯了些主观错误（详论见后），与乎我方具备着许多有利因素，而开始了部分的减弱。敌之在台儿庄失败和山西困处，就是显证。我在敌后游击战争的广大发展，则使其占领地的守军完全处于被动地位。虽则敌人此时还在其主动的战略进攻中，但他的主动将随其战略进攻的停止而结束。敌之兵力不足，没有可能作无限制的进攻，这是他不能继续保持主动地位的第一个根源。我之战役的进攻战，在敌后的游击战争及其他条件，这是他不能不停止进攻于一定限度和不能继续保持主动地位的第二个根源。苏联的存在及其他国际变化，是第三个根源。由此可见，敌人的主动地位是有限制的，也是能够破坏的。中国如能在作战方法上坚持主力军的战役和战斗的进攻战，猛烈地发展敌后的游击战争，并从政治上大大地发动民众，我之战略主动地位便能逐渐树立起来。

（八五）现在来说灵活性。灵活性是什么呢？就是具体地实现主动性于作战中的东西，就是灵活地使用兵力。灵活地使用兵力这件事，是战争指挥的中心任务，也是最不容易做好的。战争的事业，除了组织和教育军队，组织和教育人民等项之外，就是使用军队于战斗，而一切都是为了战斗的胜利。组织军队等等固然困难，但使用军队则更加困难，特别是在以弱敌强的情况之中。做这件事需要极大的主观能力，需要克服战争特性中的纷乱、黑暗和不确实性，而从其中找出条理、光明和确实性来，方能实现指挥上的灵活性。

（八六）抗日战争战场作战的基本方针，是外线的速决的进攻战。执行这个方针，有兵力的分散和集中、分进和合击、攻击和防御、突击和钳制、包围和迂回、前进和后退种种的战术或方法。懂得这些战术是容易的，灵活地使用和变换这些战术，就不容易了。这里有时机、地点、部队三个关节。不得其时，不得其地，不得于部队之情况，都将不能取胜。例如进攻某一运动中之敌，打早了，暴露了自己，给了敌人以预防条件；打迟了，敌已集中驻止，变为啃硬骨头。这就是时机问题。突击点选在左翼，恰当敌之弱点，容易取胜；选在右翼，碰在敌人的钉子上，不能奏效。这就是地点问题。以我之某一部队执行某种任务，容易取胜；以另一部队执行同样任务，难于收效。这就是部队情况问题。不但使用战术，还须变换战术。攻击变为防御，防御变为攻击，前进变为后退，后退变为前进，钳制队变为突击队，突击队变为钳制队，以及包围迂回等等之互相变换，依据敌我部队、敌我地形的情况，及时地恰当地给以变换，是灵活性的指挥之重要任务。战斗指挥如此，战役和战略指挥也是如此。

（八七）古人所谓“运用之妙，存乎一心”[37]，这个“妙”，我们叫做灵活性，这是聪明的指挥员的出产品。灵活不是妄动，妄动是应该拒绝的。灵活，是聪明的指挥员，基于客观情况，“审时度势”（这个势，包括敌势、我势、地势等项）而采取及时的和恰当的处置方法的一种才能，即是所谓“运用之妙”。基于这种运用之妙，外线的速决的进攻战就能较多地取得胜利，就能转变敌我优劣形势，就能实现我对于敌的主动权，就能压倒敌人而击破之，而最后胜利就属于我们了。

（八八）现在来说计划性。由于战争所特有的不确实性，实现计划性于战争，较之实现计划性于别的事业，是要困难得多的。然而，“凡事预则立，不预则废”[38]，没有事先的计划和准备，就不能获得战争的胜利。战争没有绝对的确实性，但不是没有某种程度的相对的确实性。我之一方是比较地确实的。敌之一方很不确实，但也有朕兆可寻，有端倪可察，有前后现象可供思索。这就构成了所谓某种程度的相对的确实性，战争的计划性就有了客观基础。近代技术（有线电、无线电、飞机、汽车、铁道、轮船等）的发达，又使战争的计划性增大了可能。但由于战争只有程度颇低和时间颇暂的确实性，战争的计划性就很难完全和固定，它随战争的运动（或流动，或推移）而运动，且依战争范围的大小而有程度的不同。战术计划，例如小兵团和小部队的攻击或防御计划，常须一日数变。战役计划，即大兵团的行动计划，大体能终战役之局，但在该战役内，部分的改变是常有的，全部的改变也间或有之。战略计划，是基于战争双方总的情况而来的，有更大的固定的程度，但也只在一定的战略阶段内适用，战争向着新的阶段推移，战略计划便须改变。战术、战役和战略计划之各依其范围和情况而确定而改变，是战争指挥的重要关节，也即是战争灵活性的具体的实施，也即是实际的运用之妙。抗日战争的各级指挥员，对此应当加以注意。

（八九）有些人，基于战争的流动性，就从根本上否认战争计划或战争方针之相对的固定性，说这样的计划或方针是“机械的”东西。这种意见是错误的。如上条所述，我们完全承认：由于战争情况之只有相对的确实性和战争是迅速地向前流动的（或运动的，推移的），战争的计划或方针，也只应给以相对的固定性，必须根据情况的变化和战争的流动而适时地加以更换或修改,不这样做,我们就变成机械主义者。然而决不能否认一定时间内的相对地固定的战争计划或方针;否认了这点,就否认了一切,连战争本身,连说话的人,都否认了。由于战争的情况和行动都有其相对的固定性,因而应之而生的战争计划或方针,也就必须拿相对的固定性赋予它。例如,由于华北战争的情况和八路军分散作战的行动有其在一定阶段内的固定性,因而在这一定阶段内赋予相对的固定性于八路军的"基本的是游击战,但不放松有利条件下的运动战"这种战略的作战方针,是完全必要的。战役方针,较之上述战略方针适用的时间要短促些,战术方针更加短促,然而都有其一定时间的固定性。否认了这点,战争就无从着手,成为毫无定见,这也不是、那也不是,或者这也是、那也是的战争相对主义了。没有人否认,就是在某一一定时间内适用的方针,它也是在流动的,没有这种流动,就不会有这一方针的废止和另一方针的采用。然而这种流动是有限制的,即流动于执行这一方针的各种不同的战争行动的范围中,而不是这一方针的根本性质的流动,即是说,是数的流动,不是质的流动。这种根本性质,在一定时间内是决不流动的,我们所谓一定时间内的相对的固定性,就是指的这一点。在绝对流动的整个战争长河中有其各个特定阶段上的相对的固定性——这就是我们对于战争计划或战争方针的根本性质的意见。

(九〇)在说过了战略上的内线的持久的防御战和战役战斗上的外线的速决的进攻战,又说过了主动性、灵活性和计划性之后,我们可以总起来说几句。抗日战争应该是有计划的。战争计划即战略战术的具体运用,要带灵活性,使之能适应战争的情况。要处处照顾化劣势为优势,化被动为主动,以便改变敌我之间的形势。而一切这些,都表现于战役和战斗上的外线的速决的进攻战,同时也就表现于战略上的内线的持久的防御战之中。

运动战,游击战,阵地战

(九一)作为战争内容的战略内线、战略持久、战略防御中的战役和战斗上的外线的速决的进攻战,在战争形式上就表现为运动战。运动战,就是正规兵团在长的战线和大的战区上面,从事于战役和战斗上的外线的速决的进攻战的形式。同时,也把为了便利于执行这种进攻战而在某些必要时机执行着的所谓"运动性的防御"包括在内,并且也把起辅助作用的阵地攻击和阵地防御包括在内。它的特点是:正规兵团,战役和战斗的优势兵力,进攻性和流动性。

(九二)中国版图广大,兵员众多,但军队的技术和教养不足;敌人则兵力不足,但技术和教养比较优良。在此种情形下,无疑地应以进攻的运动战为主要的作战形式,而以其他形式辅助之,组成整个的运动战。在这里,要反对所谓"有退无进"的逃跑主义,同时也要反对所谓"有进无退"的拚命主义。

(九三)运动战的特点之一,是其流动性,不但许可而且要求野战军的大踏步的前进和后退。然而,这和韩复榘式的逃跑主义[39]是没有相同之点的。战争的基本要求是:消灭敌人;其另一要求是:保存自己。保存自己的目的,在于消灭敌人;而消灭敌人,又是保存自己的最有效的手段。因此,运动战决不能被韩复榘一类人所借口,决不是只有向后的运动,没有向前的运动;这样的"运动",否定了运动战的基本的进攻性,实行的结果,中国虽大,也是要被"运动"掉的。

(九四)然而另一种思想也是不对的,即所谓有进无退的拚命主义。我们主张以战役和战斗上的外线的速决的进攻战为内容的运动战,其中包括了辅助作用的阵地战,又包括了"运动性的防御"和退却,没有这些,运动战便不能充分地执行。拚命主义是军事上的近视眼,其根源常是惧怕丧失土地。拚命主义者不知道运动战的特点之一是其流动性，不但许可而且要求野战军的大踏步的进退。积极方面，为了陷敌于不利而利于我之作战，常常要求敌人在运动中，并要求有利于我之许多条件，例如有利的地形、好打的敌情、能封锁消息的居民、敌人的疲劳和不意等。这就要求敌人的前进，虽暂时地丧失部分土地而不惜。因为暂时地部分地丧失土地，是全部地永久地保存土地和恢复土地的代价。消极方面，凡被迫处于不利地位，根本上危及军力的保存时，应该勇敢地退却，以便保存军力，在新的时机中再行打击敌人。拚命主义者不知此理，明明已处于确定了的不利情况，还要争一城一地的得失，结果不但城和地俱失，军力也不能保存。我们历来主张“诱敌深入”，就是因为这是战略防御中弱军对强军作战的最有效的军事政策。

（九五）抗日战争的作战形式中，主要的是运动战，其次就要算游击战了。我们说，整个战争中，运动战是主要的，游击战是辅助的，说的是解决战争的命运，主要是依靠正规战，尤其是其中的运动战，游击战不能担负这种解决战争命运的主要的责任。但这不是说：游击战在抗日战争中的战略地位不重要。游击战在整个抗日战争中的战略地位，仅仅次于运动战，因为没有游击战的辅助，也就不能战胜敌人。这样说，是包括了游击战向运动战发展这一个战略任务在内的。长期的残酷的战争中间，游击战不停止于原来地位，它将把自己提高到运动战。这样，游击战的战略作用就有两方面：一是辅助正规战，一是把自己也变为正规战。至于就游击战在中国抗日战争中的空前广大和空前持久的意义说来，它的战略地位是更加不能轻视的了。因此，在中国，游击战的本身，不只有战术问题，还有它的特殊的战略问题。这个问题，我在《抗日游击战争的战略问题》一文里面已经说到了。前面说过，抗日战争三个战略阶段的作战形式，第一阶段，运动战是主要的，游击战和阵地战是辅助的。第二阶段，则游击战将升到主要地位，而以运动战和阵地战辅助之。第三阶段，运动战再升为主要形式，而辅之以阵地战和游击战。但这个第三阶段的运动战，已不全是由原来的正规军负担，而将由原来的游击军从游击战提高到运动战去担负其一部分，也许是相当重要的一部分。从三个阶段来看，中国抗日战争中的游击战，决不是可有可无的。它将在人类战争史上演出空前伟大的一幕。为此缘故，在全国的数百万正规军中间，至少指定数十万人，分散于所有一切敌占地区，发动和配合民众武装，从事游击战争，是完全必要的。被指定的军队，要自觉地负担这种神圣任务，不要以为少打大仗，一时显得不像民族英雄，降低了资格，这种想法是错误的。游击战争没有正规战争那样迅速的成效和显赫的名声，但是“路遥知马力，事久见人心”，在长期和残酷的战争中，游击战争将表现其很大的威力，实在是非同小可的事业。并且正规军分散作游击战，集合起来又可作运动战，八路军就是这样做的。八路军的方针是：“基本的是游击战，但不放松有利条件下的运动战。”这个方针是完全正确的，反对这个方针的人们的观点是不正确的。

（九六）防御的和攻击的阵地战，在中国今天的技术条件下，一般都不能执行，这也就是我们表现弱的地方。再则敌人又利用中国土地广大一点，回避我们的阵地设施。因此阵地战就不能用为重要手段，更不待说用为主要手段。然而在战争的第一第二两阶段中，包括于运动战范围，而在战役作战上起其辅助作用的局部的阵地战，是可能的和必要的。为着节节抵抗以求消耗敌人和争取余裕时间之目的，而采取半阵地性的所谓“运动性的防御”，更是属于运动战的必要部分。中国须努力增加新式武器，以便在战略反攻阶段中能够充分地执行阵地攻击的任务。战略反攻阶段，无疑地将提高阵地战的地位，因为那时敌人将坚守阵地，没有我之有力的阵地攻击以配合运动战，将不能达到收复失地之目的。虽然如此，第三阶段中，我们仍须力争以运动战为战争的主要形式。因为战争的领导艺术和人的活跃性，临到像第一次世界大战的中期以后西欧地区那样的阵地战，就死了一大半。然而在广大版图的中国境内作战，在相当长的时间内中国方面又还保存着技术贫弱这种情况，“把战争从壕沟里解放”的事，就自然出现。就在第三阶段，中国技术条件虽已增进，但仍不见得能够超过敌人，这样也就被逼着非努力讲求高度的运动战，不能达到最后胜利之目的。这样，整个抗日战争中，中国将不会以阵地战为主要形式，主要和重要的形式是运动战和游击战。在这些战争形式中，战争的领导艺术和人的活跃性能够得到充分地发挥的机会，这又是我们不幸中的幸事啊！

消耗战，歼灭战

（九七）前头说过，战争本质即战争目的，是保存自己，消灭敌人。然而达此目的的战争形式，有运动战、阵地战、游击战三种，实现时的效果就有程度的不同，因而一般地有所谓消耗战和歼灭战之别。

（九八）我们首先可以说，抗日战争是消耗战，同时又是歼灭战。为什么？敌之强的因素尚在发挥，战略上的优势和主动依然存在，没有战役和战斗的歼灭战，就不能有效地迅速地减杀其强的因素，破坏其优势和主动。我之弱的因素也依然存在，战略上的劣势和被动还未脱离，为了争取时间，加强国内国际条件，改变自己的不利状态，没有战役和战斗的歼灭战，也不能成功。因此，战役的歼灭战是达到战略的消耗战之目的的手段。在这点上说，歼灭战就是消耗战。中国之能够进行持久战，用歼灭达到消耗是主要的手段。

（九九）但达到战略消耗目的的，还有战役的消耗战。大抵运动战是执行歼灭任务的，阵地战是执行消耗任务的，游击战是执行消耗任务同时又执行歼灭任务的，三者互有区别。在这点上说，歼灭战不同于消耗战。战役的消耗战，是辅助的，但也是持久作战所需要的。

（一〇〇）从理论上和需要上说来，中国在防御阶段中，应该利用运动战之主要的歼灭性，游击战之部分的歼灭性，加上辅助性质的阵地战之主要的消耗性和游击战之部分的消耗性，用以达到大量消耗敌人的战略目的。在相持阶段中，继续利用游击战和运动战的歼灭性和消耗性，再行大量地消耗敌人。所有这些，都是为了使战局持久，逐渐地转变敌我形势，准备反攻的条件。战略反攻时，继续用歼灭达到消耗，以便最后地驱逐敌人。

（一〇一）但是在事实上，十个月的经验是，许多甚至多数的运动战战役，打成了消耗战；游击战之应有的歼灭作用，在某些地区，也还未提到应有的程度。这种情况的好处是，无论如何我们总算消耗了敌人，对于持久作战和最后胜利有其意义，我们的血不是白流的。然而缺点是：一则消耗敌人的不足；二则我们自己不免消耗的较多，缴获的较少。虽然应该承认这种情况的客观原因，即敌我技术和兵员教养程度的不同，然而在理论上和实际上，无论如何也应该提倡主力军在一切有利场合努力地执行歼灭战。游击队虽然为了执行许多具体任务，例如破坏和扰乱等，不能不进行单纯的消耗战，然而仍须提倡并努力实行在战役和战斗之一切有利场合的歼灭性的作战，以达既能大量消耗敌人又能大量补充自己之目的。

（一〇二）外线的速决的进攻战之所谓外线，所谓速决，所谓进攻，与乎运动战之所谓运动，在战斗形式上，主要地就是采用包围和迂回战术，因而便须集中优势兵力。所以，集中兵力，采用包围迂回战术，是实施运动战即外线的速决的进攻战之必要条件。然而一切这些，都是为着歼灭敌人之目的。

（一〇三）日本军队的长处，不但在其武器，还在其官兵的教养——其组织性，其因过去没有打过败仗而形成的自信心，其对天皇和对鬼神的迷信，其骄慢自尊，其对中国人的轻视等等特点；这是日本军阀多年的武断教育和日本的民族习惯造成的。我军对之杀伤甚多、俘虏甚少的现象，主要原因在此。这一点，过去许多人是估计不足的。这种东西的破坏，需要一个长的过程。首先需要我们重视这一特点，然后耐心地有计划地从政治上、国际宣传上、日本人民运动上多方面地向着这一点进行工作；而军事上的歼灭战，也是方法之一。在这里，悲观主义者可以据之引向亡国论，消极的军事家又可以据之反对歼灭战。我们则相反，我们认为日本军队的这种长处是可以破坏的，并且已在开始破坏中。破坏的方法，主要的是政治上的争取。对于日本士兵，不是侮辱其自尊心，而是了解和顺导他们的这种自尊心，从宽待俘虏的方法，引导他们了解日本统治者之反人民的侵略主义。另一方面，则是在他们面前表示中国军队和中国人民不可屈服的精神和英勇顽强的战斗力，这就是给以歼灭战的打击。在作战上讲，十个月的经验证明歼灭是可能的，平型关、台儿庄等战役就是明证。日本军心已在开始动摇，士兵不了解战争目的，陷于中国军队和中国人民的包围中，冲锋的勇气远弱于中国兵等等，都是有利于我之进行歼灭战的客观的条件，这些条件并将随着战争之持久而日益发展起来。在以歼灭战破坏敌军的气焰这一点上讲，歼灭又是缩短战争过程提早解放日本士兵和日本人民的条件之一。世界上只有猫和猫做朋友的事，没有猫和老鼠做朋友的事。

（一〇四）另一方面，应该承认在技术和兵员教养的程度上，现时我们不及敌人。因而最高限度的歼灭，例如全部或大部俘获的事，在许多场合特别是在平原地带的战斗中，是困难的。速胜论者在这点上面的过分要求，也属不对。抗日战争的正确要求应该是：尽可能的歼灭战。在一切有利的场合，每战集中优势兵力，采用包围迂回战术——不能包围其全部也包围其一部，不能俘获所包围之全部也俘获所包围之一部，不能俘获所包围之一部也大量杀伤所包围之一部。而在一切不利于执行歼灭战的场合，则执行消耗战。对于前者，用集中兵力的原则；对于后者，用分散兵力的原则。在战役的指挥关系上，对于前者，用集中指挥的原则；对于后者，用分散指挥的原则。这些，就是抗日战争战场作战的基本方针。

乘敌之隙的可能性

（一〇五）关于敌之可胜，就是在敌人的指挥方面也有其基础。自古无不犯错误的将军，敌人之有岔子可寻，正如我们自己也难免出岔子，乘敌之隙的可能性是存在的。从战略和战役上说来，敌人在十个月侵略战争中，已经犯了许多错误。计其大者有五。一是逐渐增加兵力。这是由于敌人对中国估计不足而来的，也有他自己兵力不足的原因。敌人一向看不起我们，东四省[40]得了便宜之后，加之以冀东、察北的占领，这些都算作敌人的战略侦察。他们得来的结论是：一盘散沙。据此以为中国不值一打，而定出所谓“速决”的计划，少少出点兵力，企图吓溃我们。十个月来，中国这样大的团结和这样大的抵抗力，他们是没有料到的，他们把中国已处于进步时代，中国已存在着先进的党派、先进的军队和先进的人民这一点忘掉了。及至不行，就逐渐增兵，由十几个师团一次又一次地增至三十个。再要前进，非再增不可。但由于同苏联对立，又由于人财先天不足，所以日本的最大的出兵数和最后的进攻点都不得不受一定的限制。二是没有主攻方向。台儿庄战役以前，敌在华中、华北大体上是平分兵力的，两方内部又各自平分。例如华北，在津浦、平汉、同蒲三路平分兵力，每路伤亡了一些，占领地驻守了一些，再前进就没有兵了。台儿庄败仗后，总结了教训，把主力集中徐州方向，这个错误算是暂时地改了一下。三是没有战略协同。敌之华中、华北两集团中，每一集团内部是大体协同的，但两集团间则很不协同。津浦南段打小蚌埠时，北段不动；北段打台儿庄时，南段不动。两处都触了霉头之后，于是陆军大臣来巡视了，参谋总长来指挥了，算是暂时地协调了一下。日本地主资产阶级和军阀内部存在着颇为严重的矛盾，这种矛盾正在向前发展着，战争的不协同是其具体表现之一。四是失去战略时机。这点显著地表现在南京、太原两地占领后的停顿，主要的是因为兵力不足，没有战略追击队。五是包围多歼灭少。台儿庄战役以前，上海、南京、沧州、保定、南口、忻口、临汾诸役，击破者多，俘获者少，表现其指挥的笨拙。这五个——逐渐增加兵力，没有主攻方向，没有战略协同，失去时机，包围多歼灭少，是台儿庄战役以前日本指挥的不行之点。台儿庄战役以后，虽已改了一些，然根据其兵力不足和内部矛盾诸因素，求不重犯错误是不可能的。且得之于此者，又失之于彼。例如，将华北兵力集中于徐州，华北占领地就出了大空隙，给予游击战争以放手发展的机会。以上是敌人自己弄错，不是我们使之错的。我们方面，尚可有意地制造敌之错误，即用自己聪明而有效的动作，在有组织的民众掩护之下，造成敌人错觉，调动敌人就我范围，例如声东击西之类，这件事的可能性前面已经说过了。所有这些，都说明：我之战争胜利又可在敌之指挥上面找到某种根源。虽然我们不应把这点作为我之战略计划的重要基础，相反，我之计划宁可放在敌人少犯错误的假定上，才是可靠的做法。而且我乘敌隙，敌也可以乘我之隙，少授敌以可寻之隙，又是我们指挥方面的任务。然而敌之指挥错误，是事实上已经存在过，并且还要发生的，又可因我之努力制造出来的，都足供我之利用，抗日将军们应该极力地捉住它。敌人的战略战役指挥许多不行，但其战斗指挥，即部队战术和小兵团战术，却颇有高明之处，这一点我们应该向他学习。

抗日战争中的决战问题

（一〇六）抗日战争中的决战问题应分为三类：一切有把握的战役和战斗应坚决地进行决战，一切无把握的战役和战斗应避免决战，赌国家命运的战略决战应根本避免。抗日战争不同于其他许多战争的特点,又表现在这个决战问题上。在第一第二阶段,敌强我弱,敌之要求在于我集中主力与之决战。我之要求则相反,在选择有利条件,集中优势兵力,与之作有把握的战役和战斗上的决战,例如平型关、台儿庄以及许多的其他战斗;而避免在不利条件下的无把握的决战,例如彰德等地战役所采的方针。拚国家命运的战略的决战则根本不干,例如最近之徐州撤退。这样就破坏了敌之“速决”计划,不得不跟了我们干持久战。这种方针,在领土狭小的国家是做不到的,在政治太落后了的国家也难做到。我们是大国,又处进步时代,这点是可以做到的。如果避免了战略的决战,“留得青山在,不愁没柴烧”,虽然丧失若干土地,还有广大的回旋余地,可以促进并等候国内的进步、国际的增援和敌人的内溃,这是抗日战争的上策。急性病的速胜论者熬不过持久战的艰难路程,企图速胜,一到形势稍为好转,就吹起了战略决战的声浪,如果照了干去,整个的抗战要吃大亏,持久战为之葬送,恰恰中了敌人的毒计,实在是下策。不决战就须放弃土地,这是没有疑问的,在无可避免的情况下(也仅仅是在这种情况下),只好勇敢地放弃。情况到了这种时候,丝毫也不应留恋,这是以土地换时间的正确的政策。历史上,俄国以避免决战,执行了勇敢的退却,战胜了威震一时的拿破仑[41]。中国现在也应这样干。

(一〇七)不怕人家骂“不抵抗”吗?不怕的。根本不战,与敌妥协,这是不抵抗主义,不但应该骂,而且完全不许可的。坚决抗战,但为避开敌人毒计,不使我军主力丧于敌人一击之下,影响到抗战的继续,一句话,避免亡国,是完全必需的。在这上面发生怀疑,是战争问题上的近视眼,结果一定和亡国论者走到一伙去。我们曾经批评了所谓“有进无退”的拚命主义,就是因为这种拚命主义如果成为一般的风气,其结果就有使抗战不能继续,最后引向亡国的危险。

(一〇八)我们主张一切有利条件下的决战,不论是战斗的和大小战役的，在这上面不容许任何的消极。给敌以歼灭和给敌以消耗，只有这种决战才能达到目的，每个抗日军人均须坚决地去做。为此目的，部分的相当大量的牺牲是必要的，避免任何牺牲的观点是懦夫和恐日病患者的观点，必须给以坚决的反对。李服膺、韩复榘等逃跑主义者的被杀，是杀得对的。在战争中提倡勇敢牺牲英勇向前的精神和动作，是在正确的作战计划下绝对必要的东西，是同持久战和最后胜利不能分离的。我们曾经严厉地指斥了所谓"有退无进"的逃跑主义，拥护严格纪律的执行，就是因为只有这种在正确计划下的英勇决战，才能战胜强敌；而逃跑主义，则是亡国论的直接支持者。

（一〇九）英勇战斗于前，又放弃土地于后，不是自相矛盾吗？这些英勇战斗者的血，不是白流了吗？这是非常不妥当的发问。吃饭于前，又拉屎于后，不是白吃了吗？睡觉于前，又起床于后，不是白睡了吗？可不可以这样提出问题呢？我想是不可以的。吃饭就一直吃下去，睡觉就一直睡下去，英勇战斗就一直打到鸭绿江，这是主观主义和形式主义的幻想，在实际生活里是不存在的。谁人不知，为争取时间和准备反攻而流血战斗，某些土地虽仍不免于放弃，时间却争取了，给敌以歼灭和给敌以消耗的目的却达到了，自己的战斗经验却取得了，没有起来的人民却起来了，国际地位却增长了。这种血是白流的吗？一点也不是白流的。放弃土地是为了保存军力，也正是为了保存土地；因为如不在不利条件下放弃部分的土地，盲目地举行绝无把握的决战，结果丧失军力之后，必随之以丧失全部的土地，更说不到什么恢复失地了。资本家做生意要有本钱，全部破产之后，就不算什么资本家。赌汉也要赌本，孤注一掷，不幸不中，就无从再赌。事物是往返曲折的，不是径情直遂的，战争也是一样，只有形式主义者想不通这个道理。

（一一〇）我想，即在战略反攻阶段的决战亦然。那时虽然敌处劣势，我处优势，然而仍适用"执行有利决战，避免不利决战"的原则,直至打到鸭绿江边,都是如此。这样,我可始终立于主动,一切敌人的“挑战书”,旁人的“激将法”,都应束之高阁,置之不理,丝毫也不为其所动。抗日将军们要有这样的坚定性,才算是勇敢而明智的将军。那些“一触即跳”的人们,是不足以语此的。第一阶段我处于某种程度的战略被动,然在一切战役上也应是主动的,尔后任何阶段都应是主动。我们是持久论和最后胜利论者,不是赌汉们那样的孤注一掷论者。

兵民是胜利之本

(一一一)日本帝国主义处在革命的中国面前,是决不放松其进攻和镇压的,它的帝国主义本质规定了这一点。中国不抵抗,日本就不费一弹安然占领中国,东四省的丧失,就是前例。中国若抵抗,日本就向着这种抵抗力压迫,直至它的压力无法超过中国的抵抗力才停止,这是必然的规律。日本地主资产阶级的野心是很大的,为了南攻南洋群岛,北攻西伯利亚起见,采取中间突破的方针,先打中国。那些认为日本将在占领华北、江浙一带以后适可而止的人,完全没有看到发展到了新阶段迫近了死亡界线的日本帝国主义,已经和历史上的日本不相同了。我们说,日本的出兵数和进攻点有一定的限制,是说:在日本一方面,在其力量基础上,为了还要举行别方面的进攻并防御另一方面的敌人,只能拿出一定程度的力量打中国打到它力所能及的限度为止;在中国一方面,又表现了自己的进步和顽强的抵抗力,不能设想只有日本猛攻,中国没有必要的抵抗力。日本不能占领全中国,然而在它一切力所能及的地区,它将不遗余力地镇压中国的反抗,直至日本的内外条件使日本帝国主义发生了进入坟墓的直接危机之前,它是不会停止这种镇压的。日本国内的政治只有两个出路:或者整个当权阶级迅速崩溃,政权交给人民,战争因而结束,但暂时无此可能;或者地主资产阶级日益法西斯化,把战争支持到自己崩溃的一天,日本走的正是这条路。除此没有第三条路。那些希望日本资产阶级中和派出来停止战争的,仅仅是一种幻想而已。日本的资产阶级中和派,已经作了地主和金融寡头的俘虏,这是多年来日本政治的实际。日本打了中国之后,如果中国的抗战还没有给日本以致命的打击,日本还有足够力量的话,它一定还要打南洋或西伯利亚,甚或两处都打。欧洲战争一起来,它就会干这一手;日本统治者的如意算盘是打得非常之大的。当然存在这种可能:由于苏联的强大,由于日本在中国战争中的大大削弱,它不得不停止进攻西伯利亚的原来计划,而对之采取根本的守势。然而在出现了这种情形之时,不是日本进攻中国的放松,反而是它进攻中国的加紧,因为那时它只剩下了向弱者吞剥的一条路。那时中国的坚持抗战、坚持统一战线和坚持持久战的任务,就更加显得严重,更加不能丝毫懈气。

(一一二)在这种情况下,中国制胜日本的主要条件,是全国的团结和各方面较之过去有十百倍的进步。中国已处于进步的时代,并已有了伟大的团结,但是目前的程度还非常之不够。日本占地如此之广,一方面由于日本之强,一方面则由于中国之弱;而这种弱,完全是百年来尤其是近十年来各种历史错误积累下来的结果,使得中国的进步因素限制在今天的状态。现在要战胜这样一个强敌,非有长期的广大的努力是不可能的。应该努力的事情很多,我这里只说最根本的两方面:军队和人民的进步。

(一一三)革新军制离不了现代化,把技术条件增强起来,没有这一点,是不能把敌人赶过鸭绿江的。军队的使用需要进步的灵活的战略战术,没有这一点,也是不能胜利的。然而军队的基础在士兵,没有进步的政治精神贯注于军队之中,没有进步的政治工作去执行这种贯注,就不能达到真正的官长和士兵的一致,就不能激发官兵最大限度的抗战热忱,一切技术和战术就不能得着最好的基础去发挥它们应有的效力。我们说日本技术条件虽优，但它终必失败，除了我们给以歼灭和消耗的打击外，就是它的军心终必随着我们的打击而动摇，武器和兵员结合不稳。我们相反，抗日战争的政治目的是官兵一致的。在这上面，就有了一切抗日军队的政治工作的基础。军队应实行一定限度的民主化，主要地是废除封建主义的打骂制度和官兵生活同甘苦。这样一来，官兵一致的目的就达到了，军队就增加了绝大的战斗力，长期的残酷的战争就不患不能支持。

（一一四）战争的伟力之最深厚的根源，存在于民众之中。日本敢于欺负我们，主要的原因在于中国民众的无组织状态。克服了这一缺点，就把日本侵略者置于我们数万万站起来了的人民之前，使它像一匹野牛冲入火阵，我们一声唤也要把它吓一大跳，这匹野牛就非烧死不可。我们方面，军队须有源源不绝的补充，现在下面胡干的"捉兵法"、"买兵法"[42]，亟须禁止，改为广泛的热烈的政治动员，这样，要几百万人当兵都是容易的。抗日的财源十分困难，动员了民众，则财政也不成问题，岂有如此广土众民的国家而患财穷之理？军队须和民众打成一片，使军队在民众眼睛中看成是自己的军队，这个军队便无敌于天下，个把日本帝国主义是不够打的。

（一一五）很多人对于官兵关系、军民关系弄不好，以为是方法不对，我总告诉他们是根本态度（或根本宗旨）问题，这态度就是尊重士兵和尊重人民。从这态度出发，于是有各种的政策、方法、方式。离了这态度，政策、方法、方式也一定是错的，官兵之间、军民之间的关系便决然弄不好。军队政治工作的三大原则：第一是官兵一致，第二是军民一致，第三是瓦解敌军。这些原则要实行有效，都须从尊重士兵、尊重人民和尊重已经放下武器的敌军俘虏的人格这种根本态度出发。那些认为不是根本态度问题而是技术问题的人，实在是想错了，应该加以改正才对。

（一一六）当此保卫武汉等地成为紧急任务之时，发动全军全民的全部积极性来支持战争，是十分严重的任务。保卫武汉等地的任务，毫无疑义必须认真地提出和执行。然而究竟能否确定地保卫不失，不决定于主观的愿望，而决定于具体的条件。政治上动员全军全民起来奋斗，是最重要的具体的条件之一。不努力于争取一切必要的条件，甚至必要条件有一不备，势必重蹈南京等地失陷之覆辙。中国的马德里在什么地方，看什么地方具备马德里的条件。过去是没有过一个马德里的，今后应该争取几个，然而全看条件如何。条件中的最基本条件，是全军全民的广大的政治动员。

（一一七）在一切工作中，应该坚持抗日民族统一战线的总方针。因为只有这种方针才能坚持抗战，坚持持久战，才能普遍地深入地改善官兵关系、军民关系，才能发动全军全民的全部积极性，为保卫一切未失地区、恢复一切已失地区而战，才能争取最后胜利。

（一一八）这个政治上动员军民的问题，实在太重要了。我们之所以不惜反反复复地说到这一点，实在是没有这一点就没有胜利。没有许多别的必要的东西固然也没有胜利，然而这是胜利的最基本的条件。抗日民族统一战线是全军全民的统一战线，决不仅仅是几个党派的党部和党员们的统一战线；动员全军全民参加统一战线，才是发起抗日民族统一战线的根本目的。

结　论

（一一九）结论是什么呢？结论就是：“在什么条件下，中国能战胜并消灭日本帝国主义的实力呢？要有三个条件：第一是中国抗日统一战线的完成；第二是国际抗日统一战线的完成；第三是日本国内人民和日本殖民地人民的革命运动的兴起。就中国人民的立场来说，三个条件中，中国人民的大联合是主要的。”“这个战争要延长多久呢？要看中国抗日统一战线的实力和中日两国其他许多决定的因素如何而定。”“如果这些条件不能很快实现，战争就要延长。但结果还是一样，日本必败，中国必胜。只是牺牲会大，要经过一个很痛苦的时期。”“我们的战略方针，应该是使用我们的主力在很长的变动不定的战线上作战。中国军队要胜利，必须在广阔的战场上进行高度的运动战。”“除了调动有训练的军队进行运动战之外，还要在农民中组织很多的游击队。”“在战争的过程中……使中国军队的装备逐渐加强起来。因此，中国能够在战争的后期从事阵地战，对于日本的占领地进行阵地的攻击。这样，日本在中国抗战的长期消耗下，它的经济行将崩溃；在无数战争的消磨中，它的士气行将颓靡。中国方面，则抗战的潜伏力一天一天地奔腾高涨，大批的革命民众不断地倾注到前线去，为自由而战争。所有这些因素和其他的因素配合起来，就使我们能够对日本占领地的堡垒和根据地，作最后的致命的攻击，驱逐日本侵略军出中国。”（一九三六年七月与斯诺谈话）“中国的政治形势从此开始了一个新阶段，……这一阶段的最中心的任务是：动员一切力量争取抗战的胜利。”“争取抗战胜利的中心关键，在使已经发动的抗战发展为全面的全民族的抗战。只有这种全面的全民族的抗战，才能使抗战得到最后的胜利。”“由于当前的抗战还存在着严重的弱点，所以在今后的抗战过程中，可能发生许多挫败、退却，内部的分化、叛变，暂时和局部的妥协等不利的情况。因此，应该看到这一抗战是艰苦的持久战。但我们相信，已经发动的抗战，必将因为我党和全国人民的努力，冲破一切障碍物而继续地前进和发展。”（一九三七年八月《中共中央关于目前形势与党的任务的决定》）这些就是结论。亡国论者看敌人如神物，看自己如草芥，速胜论者看敌人如草芥，看自己如神物，这些都是错误的。我们的意见相反：抗日战争是持久战，最后胜利是中国的——这就是我们的结论。

（一二〇）我的讲演至此为止。伟大的抗日战争正在开展，很多人希望总结经验，以便争取全部的胜利。我所说的，只是十个月经验中的一般的东西，也算一个总结吧。这个问题值得引起广大的注意和讨论，我所说的只是一个概论，希望诸位研究讨论，给以指正和补充。

注　释

① 卢沟桥事变也称七七事变。卢沟桥距北京（当时称北平）城十余公里，是北京西南的门户。当时北宁路（北京至辽宁沈阳的铁路）沿线，东起山海关，西至北京西南的丰台，都有日本侵略军驻扎。一九三七年七月七日，日军在卢沟桥向中国驻军进攻。在全国人民抗日热潮的推动和中国共产党的抗日主张的影响下，中国驻军奋起抵抗。中国人民英勇的八年抗战，从此开始。

② 阿比西尼亚即埃塞俄比亚。一九三五年十月，意大利法西斯出兵进攻埃塞俄比亚。埃军进行阵地战，至一九三六年五月失败。第二次世界大战开始后，埃塞俄比亚人民在一九四一年与反法西斯盟军配合，赶走了意大利侵略军，恢复了国家的独立。

③ 这种亡国论是国民党内部分领导人的意见。他们是不愿意抗日的，后来抗日是被迫的。卢沟桥事变以后，蒋介石一派参加抗日了，汪精卫一派就代表了亡国论，并准备投降日本，后来果然投降了。但是亡国论思想不但是在国民党内存在着，在某些中层社会中甚至在一部分落后的劳动人民中也曾经发生影响。这是因为国民党政府腐败无能，在抗日战争中节节失败，而日军则长驱直进，在战争的第一年中就侵占了华北和华中的大片土地，因而在一部分落后的人民中产生了严重的悲观情绪。

④ 以上这些意见，都是共产党内的。在抗日战争的头半年内，党内存在着一种轻敌的倾向，认为日本不值一打。其根据并不是因为他们感觉自己的力量很大，他们知道共产党领导的军队和民众的有组织的力量在当时还是很小的；而是因为国民党抗日了，他们感觉国民党有很大的力量，可以有效地打击日本。他们只看见国民党暂时抗日的一面，忘记了国民党反动和腐败的一面，因而造成了错误的估计。

⑤ 这是蒋介石等人的意见。蒋介石国民党既已被迫抗战，他们就一心希望外国的迅速援助，不相信自己的力量，更不相信人民的力量。

⑥ 一九三八年三月下旬至四月上旬，中国军队和日本侵略军在台儿庄（今属山东省枣庄市）一带进行过一次会战。在这次会战中，中国军队击败日军第五、第十两个精锐师团，取得了会战的胜利。

⑦ 徐州战役是中国军队同日本侵略军在以徐州为中心的广大地区进行的一次战役。从一九三七年十二月起，华北、华中的日军分南北两线沿津浦铁路和台潍（台儿庄至潍县）公路进犯徐州外围地区。一九三八年四月上旬，中国军队在取得台儿庄会战的胜利后，继续向鲁南增兵，在徐州附近集结了约六十万的兵力；而日军在台儿庄遭到挫败以后，从四月上旬开始调集南北两线兵力二十多万人，对徐州进行迂回包围。中国军队在日军夹击和包围下，分路向豫皖边突围。五月十九日，徐州被日军占领。

⑧ 这是当时《大公报》在一九三八年四月二十五日和二十六日社评中提出的意见。他们从一种侥幸心理出发，希望用几个台儿庄一类的胜仗就能打败日本，免得在持久战中动员人民力量，危及自己阶级的安全。当时国民党统治集团内普遍有这种侥幸心理。

⑨ 托洛茨基（一八七九——一九四〇），俄国十月革命胜利后曾任革命军事委员会主席等职。列宁逝世后，反对列宁关于在苏联建设社会主义的理论和路线，一九二七年十一月被清除出党。在国际共产主义运动中，托洛茨基进行了许多分裂和破坏活动。在一九二七年中国革命遭受失败之后，中国也出现了少数的托洛茨基分子，他们与陈独秀等相结合，认为中国资产阶级对于帝国主义和封建势力已经取得了胜利，中国资产阶级民主革命已经完结，中国无产阶级只有待到将来再去举行社会主义革命，在当时就只能进行所谓以"国民会议"为中心口号的合法运动，而取消革命运动。因此他们又被称为"托陈取消派"。抗日战争时期，托派在宣传上主张抗日，但是攻击中国共产党的抗日民族统一战线政策。把托派与汉奸相提并论，是由于当时在共产国际内流行着中国托派与日本帝国主义间谍组织有关的错误论断所造成的。

⑩ 一八四〇年至一八四二年，英国因中国人反对输入鸦片，就借口保护通商，派兵侵略中国。中国军队在林则徐领导下曾经进行了抵抗。广州人民自发地组织武装抗英团体，使英国侵略军受到很大的打击。福建、浙江、江苏等地人民也自发地掀起了抗英斗争。一八四二年英国军队侵入长江，迫使腐朽的清朝政府和英国侵略者签订中国近代史上的第一个不平等条约——《南京条约》。这个条约的主要内容是：中国割让香港，给英国大量赔款，开放上海、福州、厦门、宁波、广州为通商口岸，抽收英商进出口货物的税率由中英双方共同议定。

⑪ 太平天国战争是发生于十九世纪中叶的反对清朝封建统治和民族压迫的农民革命战争。一八五一年一月，这次革命的领导者洪秀全、杨秀清等，在广西桂平县的金田村起义，建号"太平天国"。一八五二年太平军出广西，攻入湖南、湖北。一八五三年，经江西、安徽，攻克南京，并在这里建都。随后从南京分出一部兵力北伐和西征，北伐军一直打到天津附近。但太平军在它占领的地方都没有建立起巩固的根据地，建都南京后它的领导集团又犯了许多政治上和军事上的错误。在清朝军队和英、美、法等国侵略军的联合进攻下，太平天国战争于一八六四年失败。

⑫ 戊戌维新也称戊戌变法，是一八九八年（戊戌年）发生的维新运动。当时，中国面临被帝国主义列强瓜分的严重危机。康有为、梁启超、谭嗣同等人，在清朝光绪皇帝的支持下，企图通过自上而下的变法维新，逐步地在中国推行地主阶级和资产阶级联合统治的君主立宪制度，发展民族资本主义，以挽救民族危亡。但是，这个运动缺乏人民群众的基础，又遭到以慈禧太后为首的顽固派的坚决反对。变法三个多月以后，慈禧太后发动政变，幽禁光绪皇帝，杀害谭嗣同等六人，变法遭到失败。

⑬ 辛亥革命是以孙中山为首的资产阶级革命团体同盟会所领导的推翻清朝专制王朝的革命。一九一一年（辛亥年）十月十日，革命党人发动新军在湖北武昌举行起义，接着各省响应，外国帝国主义所支持的清朝反动统治迅速瓦解。一九一二年一月在南京成立了中华民国临时政府，孙中山就任临时大总统。统治中国两千多年的君主专制制度从此结束，民主共和国的观念从此深入人心。但是资产阶级革命派力量很

弱,并具有妥协性,没有能力发动广大人民的力量比较彻底地进行反帝反封建的革命。辛亥革命的成果迅即被北洋军阀袁世凯篡夺,中国仍然没有摆脱半殖民地、半封建的状态。

⑭ 一九三八年一月十六日,日本近卫内阁发表声明,宣布以武力灭亡中国的方针;同时宣称由于国民党政府仍在"策划抗战",日本政府决定在中国扶植新的傀儡政权,"今后将不以国民政府为对手"。

⑮ 这里主要是指美国。自一九三七年到一九四〇年,美国每年输入日本的物资占日本全部进口额的三分之一以上,其中战争物资占一半以上。

⑯ 指英、美、法等帝国主义国家的政府。

⑰ 张伯伦(一八六九——一九四〇),英国保守党领袖。一九三七年至一九四〇年任英国首相。他主张迁就德、意、日法西斯对中国、埃塞俄比亚、西班牙、奥地利和捷克斯洛伐克等国家的侵略,实行妥协政策。

⑱ 毛泽东在这里所预言的抗日战争相持阶段中中国方面可能的向上变化,在中国共产党领导下的抗日根据地是完全实现了。在国民党统治区,则因为以蒋介石为首的统治集团消极抗日、积极反共反人民,不但没有向上变化,反而向下变化了。因为这样,也激起了广大人民的反抗和觉悟。参见《毛泽东选集》第三卷《论联合政府》第三部分关于这一切事实的分析。

⑲ 这个比喻里所引用的神话故事,见明朝吴承恩所著的《西游记》第七回。这个神话故事说,孙悟空本是个猴子,他能够一个筋斗翻十万八千里,但是,他站在如来佛的手心上尽力翻筋斗,总是翻不出去。如来佛翻掌一扑,将五个手指化作五行山,把他压住。

⑳ 一九三五年八月,季米特洛夫在共产国际第七次代表大会上所作的报告中说:"法西斯是肆无忌惮的沙文主义和侵略战争。"一九三七年七月,他又发表了题为《法西斯主义就是战争》的论文。

㉑ 参见列宁《第二国际的破产》和《社会主义与战争》(《列宁全集》第26卷,人民出版社1988年版,第235、327页)。

㉒ 见《为动员一切力量争取抗战胜利而斗争》(《毛泽东选集》第二卷,人民出版社1991年版,第354—356页)。

㉓ 《抗战建国纲领》是一九三八年三月二十九日至四月一日在武汉召开的中国国民党临时全国代表大会制定的。其内容包括抗日的军事、政治、经济、外交等方面的政策。这个纲领一方面被迫对人民作了某些形式上和口头上的让步,如规定组织国民参政机关,许诺给予人民言论、出版、集会、结社自由;同时又继续坚持国民党一党专政。

㉔ 见《孙子·谋攻》。

㉕ 城濮在今山东省鄄城县西南。公元前六三二年,晋楚两国大战于此。战争开始时,楚军占优势。晋军退却九十里,到达城濮一带,先选择楚军力量薄弱的右翼,给以严重的打击。然后,再集中优势兵力击溃了楚军的左翼。楚军终于大败而退。

㉖ 成皋故城在今河南省荥阳县西北部,为古代军事重地。公元前二〇三年,汉王刘邦和楚王项羽曾相持于此。当时项羽接连攻下荥阳、成皋,刘邦几乎溃不成军。

但后来刘邦终于等待到楚军在汜水半渡的时机，大破楚军，复取成皋。

㉗ 公元前二〇四年，汉将韩信率部与赵王歇大战于井陉（在今河北省井陉县）。赵军号称二十万，数倍于汉军。韩信背水为阵，率军奋战；同时，遣兵袭占赵军防御薄弱的后方，使其腹背受敌，遂大破赵军。

㉘ 昆阳故城在今河南省叶县境内。公元二三年，刘秀（后称东汉光武帝）在这里击破王莽（公元八年称帝，定国号为新）的军队。这次战争双方军力强弱悬殊，刘秀只有八九千人，而王莽有四十余万人。但刘秀利用王莽的将军王寻、王邑轻敌懈怠，以精兵三千突破王莽军队的中坚，乘锐进击，大破敌军。

㉙ 官渡在今河南省中牟县东北。公元二〇〇年，曹操军队和袁绍军队战于此处。当时袁绍拥军十万，而曹操兵少粮尽。但曹操利用袁军的轻敌无备，实行轻兵偷袭，烧了袁军的辎重。袁军慌乱，曹军出击，歼灭了袁军主力。

㉚ 吴指孙权方面，魏指曹操方面。赤壁在今湖北省蒲圻县西北长江南岸。公元二〇八年，曹操率兵数十万进攻孙权。孙权出兵三万，并且同刘备联合，利用曹军有疫疾，又不习水战，在赤壁一带用火攻烧曹军船只，大破曹军。

㉛ 彝陵在今湖北省宜昌县境内。公元二二二年，吴将陆逊在这里大败蜀汉的刘备。这次战争开始，蜀军连战皆捷，进到彝陵，已入吴境五六百里。陆逊守七八月不战，直待刘备"兵疲意沮，计不复生"，利用顺风放火，大破蜀军。

㉜ 公元三八三年，东晋将军谢玄大败秦王苻坚于安徽淝水。当时苻坚有步兵六十余万、骑兵二十七万、卫队三万余骑，东晋只有水陆军八万。在两军隔淝水对峙的时候，晋军将领要求淝水以北的秦军让出一片战场来，以便晋军渡水决战。秦军应允后撤，但一退即不可遏止，晋军乘机渡水攻击，大败秦军。

㉝ 十八世纪末十九世纪初，法国的拿破仑曾与英、普、奥、俄以及欧洲其他很多国家作战。在多次战争中，拿破仑的部队在数量上都不如他的敌人，但都得到了胜利。

㉞ 公元三八三年，秦王苻坚出兵攻晋。他依仗优势兵力，非常轻视晋军。晋军打败了秦军的前锋，从水陆两路继续前进，隔淝水同秦军对峙。苻坚登寿阳城（今安徽省寿县）瞭望，见晋兵布阵严整，又望见八公山上的草木，以为都是晋兵，觉得是遇到了劲敌，开始有惧色。随后在淝水决战中，强大的秦军终于被晋军打败。

㉟ 蒋介石、汪精卫等在一九二七年背叛革命以后，进行十年的反人民战争，同时又在国民党统治区实行法西斯统治。这就使得中国人民没有可能广泛地组织起来。这个历史错误是应该由蒋介石为首的国民党反动派负责的。

㊱ 宋襄公是公元前七世纪春秋时代宋国的国君。公元前六三八年宋国与强大的楚国作战，宋兵已经排列成阵，楚兵正在渡河。宋国有一个官员认为楚兵多宋兵少，主张利用楚兵渡河未毕的时机出击。但宋襄公说：不可，因为君子不乘别人困难的时候去攻打人家。楚兵渡河以后，还未排列成阵，宋国官员又请求出击。宋襄公又说：不可，因为君子不攻击不成阵势的队伍。一直等到楚兵准备好了以后，宋襄公才下令出击。结果宋国大败，宋襄公自己也受了伤。

㊲ 见《宋史·岳飞传》。

㊳ 见《礼记·中庸》。

㊴ 一九三七年日本侵略军在占领北平、天津以后，不久即分兵沿津浦铁路南

下，进攻山东省。多年统治山东的国民党军阀韩复榘不战而逃。在一九三七年十二月下旬至一九三八年一月上旬的十多天里，他就放弃了山东中部和西南部的大片国土，从济南一直逃到山东、河南的边境。

㊵ 东北四省指当时中国东北部的辽宁、吉林、黑龙江、热河四省（热河省于一九五五年撤销，原辖区分别划归河北、辽宁两省和内蒙古自治区）。一九三一年九一八事变后，日本侵略军先占领了辽宁、吉林、黑龙江三省，一九三三年又侵占热河省。

㊶ 一八一二年，拿破仑以五十万大军进攻俄国。当时俄军只有二十万人左右。为了避免不利于自己的决战，俄军实行战略退却，一直到放弃和焚毁了莫斯科。拿破仑的军队在深入俄国国土以后，遭到了俄国广大军民的坚决反抗，陷于饥寒困苦、后路被切断、四面被包围的绝境，最后不得不从莫斯科撤退。这时，俄军乘机大举反攻，拿破仑军仅剩二万余人逃离俄国国境。

㊷ 国民党政府扩军的一种办法，是派军警四处捉拿人民去当兵，捉来的兵用绳捆索绑，形同囚犯。略为有钱的人，就向国民党政府的官吏行贿，出钱买人代替。

策　　划:任　超　张振明
责任编辑:刘彦青
封面设计:马淑玲

图书在版编目(CIP)数据

重读《论持久战》/杨信礼 著. —北京:人民出版社,2018.10(2018.12 重印)
ISBN 978-7-01-019874-3

Ⅰ.①重…　Ⅱ.①杨…　Ⅲ.①毛泽东著作研究　Ⅳ.①A841

中国版本图书馆 CIP 数据核字(2018)第 224113 号

重读《论持久战》

CHONGDU LUN CHIJIUZHAN

杨信礼　著

人民出版社 出版发行
(100706　北京市东城区隆福寺街 99 号)

北京新华印刷有限公司印刷　新华书店经销

2018 年 10 月第 1 版　2018 年 12 月北京第 5 次印刷
开本:710 毫米×1000 毫米 1/16　印张:11.75
字数:147 千字

ISBN 978-7-01-019874-3　定价:25.00 元

邮购地址 100706　北京市东城区隆福寺街 99 号
人民东方图书销售中心　电话 (010)65250042　65289539